AF455920

Hôpital-Hospice

DE

HOUDAN

FONDATION ET ADMINISTRATION

SON DÉVELOPPEMENT — SES ŒUVRES

PAR

A. LESPRILLIER

MANTES

Imprimerie du *Petit Mantais*

— 19[illegible] —

PREMIÈRE PARTIE

HOPITAL-HOSPICE DE HOUDAN

Fondation et Administration
Mémoire concernant le Fief de Saint-Mathieu
et les Maladreries

PREMIÈRE PARTIE

HOPITAL-HOSPICE DE HOUDAN

Sa fondation et son Administration

L'Histoire de l'Hôpital-Hospice de Houdan, ou de l'Hôtel-Dieu, ainsi appelé jusqu'en 1789, se rattache assez étroitement à l'histoire administrative de la Ville ; quoique absolument distinctes, ces deux administrations ont été dirigées pendant plus d'un siècle par les mêmes administrateurs, et les affaires municipales et hospitalières ont souvent fait l'objet d'une même délibération.

Les archives de ces deux administrations n'ayant été séparées qu'en 1812, j'ai retrouvé dans ces archives plusieurs pièces se rattachant à la période révolutionnaire, et différents extraits de procès-verbaux, qui m'ont permis de comprendre dans cette histoire une grande partie des faits administratifs qui se sont passés sous la Convention et sous le Directoire.

L'hospitalité fut rétablie en l'Hôpital de Houdan par le Roi Louis XIV en 1695; mais bien avant cette époque, il existait à Houdan, de temps immémorial, une Maison d'Hospice, et plus anciennement encore, une Léproserie, laquelle était isolée sur le chemin de Houdan, à Saint-Lubin, à l'endroit ou l'on voit aujourd'hui une croix, dite Croix de Saint-Mathieu.

L'époque de la fondation de cette Léproserie n'est pas facile à préciser, cependant, si l'on s'en rapporte à l'Histoire, elle nous apprend que sous le règne de Philippe-Auguste, nos aïeux avaient rapporté d'Orient pendant les Croisades, la lèpre, qui sévissait quelque fois d'une manière affreuse, et qu'on avait érigé dans le Royaume plus de deux mille établissements appelés Léproseries, pour recevoir les infortunés qui en étaient atteints.

Il n'est donc pas téméraire de supposer que la Léproserie de Houdan fut au nombre des établissements qui ont été érigés au treizième siècle.

Les bâtiments servant à la Léproserie ont été abandonnés à la fin du seizième siècle, à la suite de la disparition de cette affreuse maladie.

Cet établissement qui fut appelée Léproserie, d'abord Maison d'Hospice et Léproserie ensuite, et plus tard Hôtel-Dieu, était également une Commanderie, laquelle était à cette époque placée sous l'autorité du Haut-Clergé, qui en disposait à son gré.

Cette Maison d'Hospice ou Léproserie, avait le revenu du fief ou maladrerie de Saint-Mathieu, et en outre de grands privilèges ; mais le Commandeur de cette Maladrerie de Saint-Mathieu devait recevoir des pauvres et malades, et leur faire donner des soins. Les Lépreux ayant complètement disparu, les bâtiments qui avaient servi à les abriter, ne pouvaient être affectés à un autre usage, et pour se conformer aux bulles relatives à la jouissance des biens concédés, le Commandeur fut obligé de chercher un terrain, pour y élever quelques constructions destinées à recevoir des pauvres et malades.

C'est alors qu'il fit bâtir les premiers bâtiments qui ont commencé l'Hôpital actuel, vers 1580.

Ces bâtiments étaient construits en pans de bois et couvert en chaume.

L'on voit par ce qui précède, que la fondation de l'Hôpital-Hospice de Houdan, sur l'emplacement où il se trouve aujourd'hui, remonte à la fin du seizième siècle.

La Chapelle que l'on voit aujourd'hui a été bâtie entre les années 1636 et 1640.

Le Couvent qui s'était installé à Houdan, en 1636, ayant pris possession d'une grande partie de la rue Basse, pour étendre ses dépendances au-delà de la petite rivière d'Opton n'avait laissée, de cette rue Basse, que les deux bouts, lesquels forment actuellement l'impasse Saint-Jean et l'impasse de l'Hospice.

Le passage des voitures ayant été ainsi intercepté par le Couvent, l'Hôpital anticipa également sur la rue, et fit bâtir la Chapelle en dehors des bâtiments primitifs, et entièrement en saillie dans la rue Basse.

La plus ancienne pièce que l'on trouve dans les Archives de l'Hôpital, nous apprend qu'en 1645, cette Léproserie, depuis longtemps vacante, fut concédée à un Clerc de l'Eglise de Chartres, ainsi que le constate un acte de donation ainsi conçu :

« Olivier, par la grâce de Dieu, et l'autorité du Saint-« Siège apostolique, Commandeur Général de la Comman-« derie de l'Hôpital apostolique du Saint-Esprit, sous la rè-« gle de Saint-Augustin Archihospitalier de toute l'Eglise « de Dieu, et humble serviteur des Pélerins, des Lépreux, « des Infirmes et des Pauvres de Jésus-Christ, à notre cher « Joant en Jésus-Christ, Clerc de l'Eglise de Chartres, salut « dans le Seigneur.

« Comme selon que nous l'avons appris, la Maison d'Hos-« pice ou Léproserie de Houdan, a été depuis longtemps et « est encore actuellement vacante de légitimes possesseurs, « qui y servent Dieu et les pauvres de tout genre, conformé-« ment à nos statuts ; et comme la collation, la provision, et « toutes dispositions quelconques qui peuvent venir à vac-« quer nous en appartiennent, en raison de notre sus-dite « Généralité de grande Maîtrise et Archihospitalité : Vou-« lant y pourvoir autant qu'il est en nous ;

« Nous avons concédé, donné et confirmé, comme par « la teneur des présentes, nous concédons, donnons et con-« firmons à vous sus-dit Pierre Joant, Clerc du Diocèse de « Chartres, la susdite Léproserie ou Hôpital de Houdan, du « même Diocèse, vacante de la manière que nous avons « dite plus haut, ou de toute autre manière, avec sa mai-

« son, son être, son jardin, ses prés, paturages, bois, « vignes, terres cultivées et incultes, pensions, obventions, « droits, domaines, et autres revenus préventifs, courant « d'eau, privilèges de chasse et de pêche, dépendances et « pertinences quelconques, et partout où elles se trouvent.

« En conséquence, nous mandons et ordonnons au pre- « mier Religieux de notre Ordre du Saint-Esprit, ou de tout « autre ordre de mendiants ou non mendiants, au premier « tabellion séculier ou notaire royal que vous rencontrerez, « de mettre par la force de notre autorité votre Procureur « légitimement institué à cet effet, en vraie, réelle, actuelle, « et corporelle possession de la dite Maîtrise, voulant que « vous en jouissiez pleinement et paisiblement, sous notre « bon plaisir, selon la teneur des bulles relatives à la jouis- « sance des biens concédés à notre Ordre : sauf néanmoins « nos droits, notre autorité, juridiction, supériorité quel- « conque, et la pension conforme aux institutions et bulles « expédiées à cet effet, laquelle nous sera dûe et payée « chaque année.

« Donné à Paris le second jour de février de l'année mil « six cent quarante cinq. » (Cette pièce qui est en latin a été traduite à la fin de 1838 par M. Huet, curé de Houdan.)

En 1672, l'hospitalisation fut supprimée dans ces sortes d'établissements, lesquels avaient été réunis sous l'ordre de Notre-Dame de Montcarmel, de Saint-Lazare, de Jérusalem, et leurs biens, revenus et privilèges, avaient été donnés en récompense à des officiers de l'armée du Roi, ainsi qu'il résulte de l'édit du Roi Louis XIV, lequel édit se termine ainsi :

« En rétablissant l'hospitalité dans ces établissements, « nous nous réservons de pourvoir au dédommagement des « officiers de nos troupes pourvus de grands Priorez et « Commanderies du dit Ordre de Notre-Dame de Mont- « carmel et Saint Lazare, et de remplacer par d'autres « biens et revenus, dont ils jouiront à commencer du pre-

« mier juillet prochain, ceux que nous avons désunis, par « le présent édit. »

Les revenus de la Maladrerie d'Epône avaient été donnés à Mr Jean-Henri de Valquier, commandeur de la dite Maladrerie, ainsi que le constate un bail en date du 25 mars 1693.

En 1693, un édit du Roi Louis XIV, restitue à l'Ordre du Saint-Esprit les Hôpitaux et Léproseries qui avaient été distraits.

Et en 1695, Louis XIV rétablit l'hospitalité en l'hôpital de Houdan, par un arrêt du Conseil d'Etat ainsi libellé :

« Extrait des registres du Conseil d'Etat privé du « Roy.

« Veu au Conseil du Roy, les avis du sieur Evesque de « Chartres, et du sieur Philippeaux, Conseiller d'Etat, Inten- « dant et Commissaire à la généralité de Paris, sur l'em- « ploy à faire au profit des pauvres, des biens et revenus « des Maladreries et Hôpitaux y mentionnez au Diocèse de « Chartres, en exécution de l'édit des Ordonnances, des « mois de Mars, Avril et Août mil six cent quatre vingt- « treize.

« Ouy le rapport du sieur Conseiller d'Etat, et suivant « l'avis de nos Commissaires députez par sa Majesté pour « l'exécution des dits édits et déclarations, et tout consi- « déré.

« Le Roy en son Conseil,

« En exécution des dits édits et déclarations, a ordonné, « et ordonne que l'hospitalité sera restablie en l'hôpital de « Houdan, auquel sa Majesté a uni et remis les biens et « revenus de la Maladrerie du dit lieu, et des Maladreries « d'Oulins, de Montchauvet, d'Epône et Saint-Fiacre en la « paroisse de Saint-Léger-en-Yvelines, pour en jouir, et de « ceux du dit Hôpital de Houdan, à commencer du pre-

« mier juillet dernier, et estre les dits revenus employez « à la nourriture et entretien des pauvres malades « qui seront reçus au dit hôpital, à la charge de satisfaire « aux prières, services et fondations dont peuvent être te- « nus le dit Hôpital et les dites Maladreries, et de recevoir « les pauvres malades des lieux et paroisses où sont situées « les dites Maladreries d'Oulins, de Montchauvet, Épône et « Saint-Fiacre, à proportion de leurs revenus. Et sera le « dit Hôpital régi et gouverné en la qualité portée par les « ordonnances, et suivant les statuts des règlements qui « seront faits, et en conséquence, sa Majesté, que les titres « et papiers concernant le dit Hôpital et les dites Maladre- « ries, biens et revenus en dépendant, qui peuvent être en « la possession de M. Jean-Baptiste Macé cy-devant gref- « fier de la Chambre Royale aux Archives de l'Ordre de « Saint-Lazare, et aussy des mains des commis et prépo- « sez par les sous-intendant en la généralité de Paris, même « en celui des Chevaliers du dit Ordre, Agents, Commis et « Fermiers ou autres qui jouissaient des dits biens et reve- « nus avant l'Edit du mois de Mars 1693, seront délivrez « aux Administrateurs du dit Hopital, à ce faire, les dépo- « sitaires contraints par toute voie.

« Ce faisant, ils en deviendront bien et valablement « déchargez. Et pour l'exécution du présent arrêt, seront « toutes lettres nécessaires expédiées.

« Fait au Conseil privé du Roy, tenu à Paris le seizième « jour de décembre 1695.

« Signé : PHYLIPEAUX. »

En 1696, Lettres patentes du Roi Louis XIV, qui confirment l'arrêt ci-dessus.

En 1698, Arrêt du Parlement, par lequel la Cour ordonne que les dites lettres patentes seront enregistrées.

En 1698, Déclaration du Roy, portant règlement pour l'administration des Hopitaux.

L'hospitalité fut donc rétablie en l'Hôtel-Dieu de Houdan, en 1695, mais les bâtiments par trop primitifs qui existaient alors, et qui n'étaient plus affectés à l'hospitalisation depuis ving-trois ans, ne permettaient pas de recevoir immédiatement des malades, il fallait d'abord construire des salles, se pourvoir de mobilier pour les garnir, et les Administrateurs ne possédaient à cette époque aucune ressources qui leur permit de faire cette installation, et d'en assurer les services.

L'administration de l'Hôtel-Dieu fut confiée aux Administrateurs de la Municipalité.

Les premiers Administrateurs étaient au nombre de huit et se composaient de MM. Nicolas Verrier, curé de Houdan. Pierre Gerbé, (1) avocat en Parlement, procureur ducal de ce lieu, et substitut de l'intendance de Paris, Jean Collet, conseiller du Roy, maire perpétuel de la Ville de Houdan, Jean Doisnard, conseiller du Roy, lieutenant de maire du dit lieu, Sébastien Hargenvilliers, conseiller du Roy, Assesseur et Echevin de la dite Ville, Jean Dessuentes, Pierre-Louis Tessier et Jean Souillard, tous Conseillers du Roy et Assesseurs de la dite Ville. sous l'autorité de Monseigneur l'Evêque de Chartres, ayant pour trésorier M. Bernardin Caillou, Bourgeois de la Ville de Houdan.

L'Hôtel-Dieu fut ainsi administré pendant plus d'un siècle, mais l'autorité sous laquelle la dite Commission administrative délibérait a été modifié ainsi qu'il suit :

Les premiers Administrateurs ont été placés par le Roi Louis XIV sous l'autorité de l'Evêque de Chartres (Houdan faisant alors partie de ce diocèse).

---

(1) Le nom de Gerbé se trouve pendant plus d un siècle au nombre des Administrateurs de l'Hôtel-Dieu.

En 1801, un M. Gerbé présidait encore la Commission Administrative, comme Maire de la Ville de Houdan.

M. Gerbé *de Thoré*, ainsi appelé au cours du XVIIIe siècle, fut qualifié dans certains actes de *Seigneur du Hallier*, hameau dépendant actuellement des communes de Condé et Bourdonné.

Le Corps Municipal, qui remplaça les premiers Administrateurs, fut placé par la Convention sous l'autorité d'un Commissaire du Comité exécutif du district de Monfort-l'Amaury, appelé à cette époque Montfort-le-Brutus.

Une Commission Administrative prit la place du Corps Municipal, et fut placée par le Directoire, sous la surveillance de la Municipalité, et sous l'autorité de l'Administration Centrale.

Enfin, en 1799, le Consulat mit la dite Commission Administrative sous l'autorité Préfectorale, où elle est encore aujourd'hui.

La dernière lettre que la Commission Administrative reçut du Président de l'Administration Municipale, est ainsi libellée :

LIBERTÉ — EGALITÉ

Houdan, le 16 Ventôse, an 8me Républicain (8 Mars 1799).

Le Président de l'Administration Municipale du Canton de Houdan, au Citoyen Président de la Commission Administrative de l'Hospice civil de Houdan.

Je vous transmets ci-jointe, Citoyen, une copie conforme d'une lettre de l'Administration Centrale qui vous compète ; je vous invite au nom de l'Administration, à vous conformer à son contenu, dans le moindre délai.

Votre zèle pour le bien de la maison que vous admistrez me répond de votre activité.

Salut et fraternité.

Signé : LETORSAY.

Deux mois après, les Préfets avaient remplacé l'Administration Centrale.

La première lettre que la Commission Administrative a reçue du Sous-Préfet de Mantes était ainsi conçue :

LIBERTÉ — EGALITÉ

Mantes, ce premier prairial, an VIII de la République Française, une et indivisible (21 mai 1799).

Le Sous-Préfet du premier arrondissement du département de Seine-et-Oise,

A la Commission Administrative de l'Hospice de Houdan :

« Par sa lettre du 8 ventôse, le Ministre de l'Intérieur « avait affecté au service de l'an VIII exclusivement les « revenus des établissements de bienfaisance ; cette déter- « mination n'aura plus lieu ainsi que vous le verrez en la « lettre du Préfet, dont je joins ici copie.

» Salut et fraternité.

» Signé : BONNEL » (1)

Enfin, le 20 mai 1800, les présidents des Administrations Municipales ont pris le titre de Maires et ont été désignés par le Préfet pour présider les Commissions Administratives et les Bureaux de Bienfaisance, avec voix prépondérante, par une circulaire ainsi conçue :

Versailles, le 29 floréal an IX de la République Française, une et indivisible.

Le Préfet du département de Seine-et-Oise au Sous-Préfet de l'arrondissement,

« Citoyen, un arrêté des Consuls en date du 29 ger- « minal dernier vient d'ordonner que les Commissions « Administratives des Bureaux de Bienfaisance, établis « dans la commune de Paris, exerceront leurs fonctions « sous la présidence du Maire de chaque arrondissement « municipal, avec voix prépondérante, en cas de partage « des suffrages.

« Le Ministre de l'Intérieur en me donnant connaissance « de cet arrêté, me prévient qu'il en a rendu les dispositions

(1) M. Bonnel est le premier Sous-Préfet de Mantes

« applicables à tous les établissements de bienfaisance qui
« existent dans ce Département.

« Vous voudrez donc bien prévenir les Maires des Communes où ces établissements sont situés, qu'ils sont « reconnus membres-nés des Commissions Administratives, « que la présidence leur est dévolue, et que s'il existe « partage de suffrages, leur voix devra être prépondérante.

« Je vous salue.

« Signé : GARNIER ». (1).

La Commission Administrative est composée actuellement de sept membres. Deux sont nommés par le Conseil Municipal, quatre membres sont nommés par le Préfet, et le Maire de la Ville est toujours le Président-né de cette Commission.

Le premier règlement intérieur de l'Hôpital de Houdan fut élaboré en mil huit cent trente huit ; avant cette époque, il n'y avait que la déclaration du roi Louis XIV, en 1698, portant règlement pour l'administration, et gouvernement des Hôpitaux, Maladreries et Léproseries.

Le dernier règlement daté de 1883 fut modifié conformément aux instructions préfectorales en 1901.

Ce règlement porte, qu'en outre des malades ou des blessés, hospitalisés par les communes ou les particuliers, l'Hôpital reçoit également des pensionnaires.

Le prix de la pension est fixé de gré à gré ; néanmoins, les vieillards valides et les incurables dont la situation de fortune ne leur permet de disposer que d'une somme de six cents francs, sont admis dans l'établissement à titre de pensionnaires.

---

(1) M. Garnier fut le premier Préfet de Seine-et-Oise.

Mémoires et Réflexions consignés sur un Registre par un Administrateur

FIEF DE SAINT-MATHIEU

Il y a trois papiers et mémoires concernant ce fief qui doit être considérable.

M. Verrier, curé de Houdan, l'un des administrateurs, député de la Compagnie, a rendu foi et hommages de ce ce fief à Monseigneur le Duc de Chevreuse, comme Comte de Montfort devant Deshayes et Delaroche à Montfort-l'Amaury.

Dixme (1) féodale de Saint-Mathieu, sur les paroisses de Richebourg, Gressey et Houdan.

Bail et adjudication de la dite dixme et autres biens de Saint-Mathieu, à Pierre Guignoch et qui a donné Nicolas Caillou pour caution, moyennant six cent dix livres (2), devant J.-B. Marcel.

Nota : Que le bail ci-dessus comprend aussi la dixme de Montenclos.

Trois septiers de bled et dix-huit minots d'avoine, deus à la Saint-Martin par M. le Curé de Dannemarie, à prendre sur la dixme de sa cure.

M. Nicolas Leroux, curé de Dannemarie, ayant voulu contester cette redevance annuelle, ayant été assigné à la requeste de Gilles Leseure, fermier de la Maladrerie Saint-Mathieu, y fut condamné par sentence de la Chambre de la

(1) Droit qui consistait à prendre la treizième gerbe de toute espèce de récolte avant leur enlèvement.

(2) La livre valait un franc.

Réformation générale des Hôpitaux et Maladreries de France, du 19 mai 1655. Il y eut arrêst au grand Conseil qui ordonna que la dite sentence seroit éxécutée ; cet arrêst est aux archives de l'Hôtel-Dieu.

Depuis ce temps-là, on a toujours paié.

En 1692, Monseigneur l'Evêque de Chartres ayant envoié une lettre ou mandement circulaire pour être informé des revenus des bénéfices du diocèse, M. Cléophas Caillou, curé de Dannemarie, écrivit au-dessous de ce mandement, que le revenu de la cure de Dannemarie était de cinq cens livres, et qu'il devait tous les ans, trois septiers de bled et dix-huit minots d'avoine au Commandeur de Saint-Mathieu de Houdan. Cet acte signé Caillou est au palais épiscopal de Chartres, M. Poluche, secrétaire de Monseigneur, en a délivré copie à l'Hôtel-Dieu, le 2 décembre 1710. Sentence contradictoire au Baillage de Montfort, par laquelle M. Antoine Marquez curé de Dannemarie, est condamné de passer titre et nouvelle reconnaissance de la dite redevance au profit de l'Hôtel-Dieu, à cause de l'union faite à icelui de la Maladrerie de Saint-Mathieu, et icelui délivrer en forme exécutoire, sinon que la sentence vaudra titre à en payer les arrérages et aux dépens. Cette sentence a été signifiée au dit sieur Marquez, et a été exécutée.

Trois septiers de bled et douze minots d'avoine à prendre sur la terre et seigneurie de Maulette. Acte entre Messire Gédéon Peteau, seigneur de Maulette, et Nicolas Verrier, curé de Houdan, comme ayant pouvoir de Mrs les administrateurs, par lequel le dit Seigneur de Maulette reconnait devoir la dite redevance, s'oblige de payer à l'Hôtel-Dieu cent soixante livres pour anciens arrérages d'icelles, et de continuer à la payer d'an en an, à commencer au jour de Noël 1709. Cet acte est au registre des délibérations.

Il est à observer que sur la dixme de Saint-Mathieu dont il est fait mention, l'Hôtel-Dieu donne à M. le Curé de Richebourg huit septiers de bled et quarante-huit minots d'avoine, et à M. le Curé de Gressey quatre septiers de bled et douze minots d'avoine que les dits sieurs Curez viennent prendre dans la grange dixmeresse.

Nota. que si l'on voulait faire les choses en rigueur, on mesterait tout le bled de la dixme ensemble, ce qui ne produirait qu'un bled fort médiocre, mais pour faire plaisir à Mrs les curez, on a coutume de mettre à part le pur seigle, et de mesler seulement les autres grains, de manière que cela produit un grand méteil dont on les paye.

Terre autour des masures de la Chapelle de Saint-Mathieu et des autres batiments démolis joignant par bas ...... par haut le chemin.

Jean Cassé, manouvrier, en jouit comme fermier à raison de cinquante sols par an, il a payé l'année achevée à la Saint-Martin 1710.

Cinq quartiers de terre au terroir Saint-Mathieu, joignant d'un côé en tirant du côté de Houdan a Mr de Baufort, d'un bout le Chemin de Saint-Lubin en deça de la Chapelle Saint Mathieu, d'autre bout par bas, la fabrique de Houdan.

Nota : que la pièce de terre est d'un arpent et demy, ainsi il faut soigner à ce que les voisins rendent justice, et que le fermier paye plus grande somme.

Philippe Renard, mareschal, avait pris cette pièce de terre à raison de trois livres l'arpent, il doit l'année écheüe à la Saint-Martin 1710.

Cinq quartiers de terre au terroir de Saint-Mathieu, sur le chemin en allant à la Chapelle de Saint-Mathieu, à main droite, joignant d'un côté les dames religieuses de Houdan, d'autre côté M. Robert Guibourg, d'un bout la veuve Yves Guyot, d'autre bout le Chemin de Houdan à Saint-Mathieu.

Pierre Guignochet en jouit comme fermier à raison de trois livres par arpent, et doit l'année échue à la Saint-Martin 1710.

1708. Droits et foire qui se tient autour des masures de la Chapelle de Saint-Mathieu, près Houdan, le lendemain de la feste de Saint-Mathieu, à prendre sur les grains, bestiaux et autres marchandises suivant tarif.

20 septembre 1708. Tarif des droits dous à l'Hôtel Dieu

à cause de la maladrerie de Saint-Mathieu qui lui est réunie avec défense d'exiger plus grands droits. Signé Pouillot, prévost de Houdan, et Gerbé, procureur Ducal.

NOTA: que le droit de faire se perçoit dés la veille de la foire, d'autant que ce jour là on permet de vendre bien des des chevaux, et autres marchandises qui ont été amenés pour la foire.

1726, 30 septembre. Sentence à la prévôté de Houdan faisant défense à toutes personnes les jours de foire de Saint-Mathieu de transporter, conduire, exposer, étaler, vendre, ni livrer aucun bestiaux, grains ni autres marchandises à Houdan ni ailleurs que dans la place proche la Chapelle de Saint-Mathieu, même de vendre des grains et autres marchandises contenues en greniers et magasins, sur des montres et échantillons esposez en la dite place, le tout à peine par le seul fait de confiscation des bestiaux, grains et marchandises, même des chevaux, charettes et voitures, qui seront à ce employées au profit du dit Hôtel-Dieu, et de tous dépens, dommages et intérêts.

MALADRERIE D'EPONE

Le 25 mars 1693, Bail devant Nicolas Réauboust, de la branche de Villeneuve et Mézières, par Pierre Duclos, fondé de procuration de M. Jean-Henri de Valquier, Commandeur de la dite Maladrerie, à M. René Grenard et Marie Courat, sa femme, à Guillaume Marais, le jeune et Marie Grenard, sa femme, de la Maladrerie d'Epône et dépendances, moyennant cent cinq livres de formages par chaque année.

MALADRERIE D'OULINS

Le 11 février 1699, Bail des biens de cette Maladrerie, par les Administrateurs de l'Hôtel-Dieu, à M. Jacques Charpentier d'Oulins, moyennant cent dix livres par chacun an, devant Jean-Baptiste Marcel.

Nota. — Que M. Henry Arconnet, chanoine à Vendôme, soy-disant Chapelain de Saint Michel d'Oulins, a fait saisir les revenus de cette Maladrerie. Monseigneur le Duc de Vendôme, par son Committimus, a évoqué cette affaire aux requêtes de l'Hôtel. M. Fréret procureur au Parlement, occupe pour l'Hôtel-Dieu.

1714. Sentence par défaut aux requestes de l'Hôtel-Dieu, par laquelle la Cour fait main-levée pure et simple de la saisie faite à la requête de Henri Arconnet par exploit du six novembre 1710, entre les mains du sieur Charpentier fermier de l'Hôtel-Dieu, et en conséquence, que les deniers dûs par le dit Charpentier seront baillez et payez aux Administrateurs de l'Hôtel-Dieu ; condamne Pierre Arconnet et sa femme, héritiers de feu Henri Arconnet, leurs fils, qui se prétendait pourvu de la Chapelle de Saint-Michel d'Oulins, aux dépens ; cette sentence a été signifiée au dit sieur Arconnet et à sa femme, par Echard, huissier, le 9 août 1715, il y a mémoire des frais montant à cinquante-six livres. On obtiendra exécutoire quand on voudra.

MALADRERIE DE SAINT-LEGER

Le 18 juin 1708. Bail à Nicollas Terrien, marchand mercier, demeurant à Saint-Léger, moyennant vingt livres pour l'année qui échoira à la Saint-Martin 1708, et trente-cinq livres pour chacune années suivantes, devant J.-B. Marcel.

MALADRERIE DE MONTCHAUVET

Il est à observer que le fils de M. Lucas, procureur au Chatelet, demeurant à Paris, derrière Saint-Martial, soit-disant Chapelain de la Chapelle de la Maladrerie de Montchauvet, s'est emparé des biens de la dite Maladrerie ; il faut procéder contre lui (1).

Toutes ces Maladreries destinées selon les bulles, pour servir Dieu et les pauvres, étaient toutes pourvues d'une Chapelle.

Oulins, avait la Chapelle Saint-Michel.

Epône, avait la Chapelle Saint-Thomas-de-Cantorbéry.

Saint-Léger, avait la Chapelle Saint-Fiacre.

Houdan, avait la Chapelle de Saint-Mathieu.

Toutes ces Chapelles, qui tombaient en vétusté, ont disparu avec le temps. Celle de Saint-Mathieu qui avait été rebâtie et entretenue, ne fut démolie qu'après 1860, pour l'élargissement du boulevard de la Gare.

C'est autour de cette Chapelle, qui était située à gauche et en bas du dit boulevard de la Gare, que se tenait anciennement la foire de Saint-Mathieu. Les bâtiments qui bordent actuellement la rue Saint-Mathieu, n'ont été construits qu'après 1790. A cette époque, il n'y avait qu'une seule maison à l'intersection du vieux chemin de Mantes et du chemin de Saint-Lubin, exactement à l'emplacement de la coquette maison Lanoue.

Du côté de la Vesgres, il n'y avait également qu'une maison près de l'abreuvoir, c'est ce qui permit à la dite foire de Saint-Mathieu de s'étendre au fur et à mesure qu'elle prenait de l'extension, soit dans la plaine au-dessus de la Chapelle, soit en contre-bas, dans les prairies bordant

(1) Des contestations interminables ont empêché l'Hôtel-Dieu de prendre possession de cette Maladrerie. Les terres qui étaient restées entre les mains du Clergé ont été vendues en 1793, comme biens nationaux.

la Vesgres; enfin, les constructions d'abord, l'importance de la foire ensuite, et le passage de la ligne du chemin de fer de Paris à Granville, ont reculé le champ de foire dans la plaine, près la croix qui marque l'emplacement de l'ancienne Léproserie.

L'on trouve également dans ces notes, que les Administrateurs ont fait l'acquisition d'une maison joignant l'ancien clos de l'Hôtel-Dieu, de M. Louis de Vougny, moyennant trois cents livres à lui payés, provenant de la première donation faite à l'établissement, par M. J.-B. Pouillot, prévost de Houdan, et sa femme, devant J.-B. Marcel, notaire à Houdan, le 16 décembre 1702.

Cette masure fut démolie en 1792, pour construire un corps de garde, lequel a été transformé depuis en maison d'habitation, et est actuellement occupé par M. Thomain, marbrier.

DEUXIÈME PARTIE

HOPITAL-HOSPICE DE HOUDAN

Revenus et Charges, ses Œuvres
ses Difficultés pendant la Période Révolutionnaire
et Divers Extraits de Procès-Verbaux
concernant la Municipalité pendant la même
Période

DEUXIÈME PARTIE

HOPITAL - HOSPICE DE HOUDAN

Revenus et Charges de l'Hôpital ses Œuvres

Le receveur de l'Hôtel-Dieu éprouvait assez souvent de grandes difficultés, à cause de la dépréciation des valeurs qu'il avait en caisse; ainsi, à la réunion du mois de mai 1704, il fit observer que les louis d'or sont diminués de cinq sols, les écus d'un sol, les pièces de cinq sols, de neuf deniers, et les pièces de quatre sols neuf deniers, de trois deniers chacune. Il avait entre les mains trois cent quarante-six écus, valant cy-devant trois livres dix sols chacun, quatorze louis d'or et demi, valant cy-devant treize livres chaque louis d'or et dix sols en monaye, sur lesquelles espèces il a eu vingt livres, dix-huit sols, six deniers à perdre.

Un reçu de la perte était remis chaque fois au receveur.

Le papier monnaie n'inspirait à cette époque aucune confiance; en 1720, les Administrateurs ayant appris que le receveur avait reçu six billets de banque, se sont réunis d'urgence, et ont désigné un de leurs Collègues, pour se rendre immédiatement à Paris, afin de changer, coûte que coûte, les dits billets, à l'Hôtel de Ville de Paris, aux aydes et gabelles, ou autres établissements désignés par le Roy.

Les revenus de l'Hôtel-Dieu, en 1699, se composaient :

1° de tous les fermages des terres et prés des maladreries d'Epône, Oulins, Saint-Léger et Houdan ; 2° du produit des dîmes qui ont été réunies à la maladrerie de Saint-Mathieu ; 3° des redevances dues à l'Hôtel-Dieu par la cure de Dannemarie, et par le Seigneur Pestault, de Maulette.

Les droits de place sur le champ de foire de Saint-Mathieu, n'ont été établis qu'en 1708.

La Maladrerie d'Epône, qui était grevée de la dîme, et qui payait en outre soixante-dix francs de taille, était affermée moyennant . . . . 105 livres

La Maladrerie d'Oulins . . . . 110 —

La Maladrerie de Saint-Léger. . . . . . . 35 —

La Maladrerie de Saint-Mathieu était affermée pour une année seulement, moyennant. . 610 —

Montchauvet, mémoire . . . . »» —

Total. . . . . 860 livres

Le revenu des dîmes, pendant une quinzaine d'années, fut de minime importance. Le droit de lever les dîmes avait été affermé pour une durée de neuf années à M. Pierre Guignochet, moyennant l'engagement de fournir en nature les redevances que l'Hôtel-Dieu était tenu de faire aux curés de Gressey et de Richebourg, et en outre de payer en argent au dit Hôtel-Dieu, le prix de trois septiers de bled, et de douze minots d'avoine, aux cours des mercuriales.

D'après un acte dressé par J.-B. Marcel, notaire à Houdan, le cours moyen des grains pendant ces neuf années, a été fixé à douze francs quinze centimes pour le septier de bled, et à un franc trente-cinq pour le minot d'avoine, soit un revenu de 52 fr. 60 par an. Cette somme de 52 fr. 60, fut diminuée de 24 francs, à la suite d'une contestation, et d'un procès intenté par l'abbaye de Coulombs, ainsi qu'on le verra par la suite :

Le Roi Louis XIV avait bien réuni à l'Hôtel-Dieu toutes les dîmes attribuées à la Commune, sur toute l'étendue du dîmage de Houdan ; mais aussitôt que les moines de l'abbaye de Coulombs, les plus gros Décimateurs de la Contrée en ont eu connaissance, ils ont intenté un procès au dit Hôtel-Dieu, revendiquant d'abord la partie Sud de la Vesgre pour le Curé et le Vicaire de Houdan, et l'autre partie, du côté de Saint-Mathieu, pour un moine de leur abbaye qui était prieur de Saint-Jean, faubourg de Houdan, où il existait alors une chapelle.

Les administrateurs avaient immédiatement consenti une transaction en faveur du Curé et du Vicaire de Houdan, espérant ainsi conserver la dime de Saint-Mathieu au profit de l'établissement hospitalier qu'ils dirigeaient; mais dans cette transaction, le Prieur de Saint-Jean, avait eu soin de faire ses réserves.

Ce procès qui était resté pendant, depuis 1695, ne fut terminé qu'en 1703, par la transaction suivante :

« Par devant Jean-Baptiste Marcel, Notaire Royal, à » Houdan, soussigné, furent présents, le Révérend Dom » André Montaigne, Religieux, cellerier des révérends » Pères religieux de l'abbaye de Coulombs, y demeurant, » comme fondé de procuration du révérend père Dom-Fran- » çois de Nangis, Prieur du Prieuray de Saint-Jean, demeu- » rant à..... La dite procuration passée devant Gadot, » notaire à Nogent-le Roy, le 4 septembre 1693, dont il y a » minutte devant le dit Gadot notaire. l'expédition de » laquelle procuration, est demeurée annexée à ces pré- » sentes pour y avoir recours. Le dit révérend père Mon- » taigne, au dit nom : estant de présent à Houdan, logé à » l'hostellerie de l'Ecu, d'une part. Et M Nicollas Verrier, » prêtre, bachelier en théologie de la faculté de Paris, curé » de Houdan. M. Jean-Baptiste Pouillot advocat au parle- » ment, prévost de Houdan. M. Pierre Gerbé, advocat au » parlement, procureur Ducal, en ce siège. M. Jean Collet, » conseiller du Roy, Maire perpétuel de cette ville. M. Jean » Dagnard, Jean Désuantes, lieutenant de Maire et acces- » seur de la dite Ville, tous comme administrateurs de » l'Hôtel-Dieu de Houdan, et maladreries en dépendant, » demeurant au dit Houdan, d'autre part :

» Lesquelles parties, pour terminer et assoupir le procès pendant à la grande Chambre entre elle et dits-noms, » pour raison de la la portion congrüe deue au sieur Curé » et Vicaire de Houdan, suivant la transaction du 15 sep- » tembre 1695, devant le même notaire, par laquelle tran- » saction, le dit sieur Prieur de Saint-Jean, s'est réservé un » recours contre les autres Décimateurs et contribution de » la dite portion congrüe. Ce qui aurait obligé le dit sieur » Prieur de Saint-Jean, d'intantay le procès dont est ques- » tion contre le prétendu command, à la maladrerie de » Saint-Mathieu, pour rendre raison de sa Dîme, estant sur » l'étendue du dixmage de Houdan, dont aujourd'hui le dit » Hôtel-Dieu est revêstu par Edit et lettres patentes du » Roy. Sont demeurés d'accord, qu'à l'avenir, et pour tou- » jours, les dits sieurs Administrateurs, et dits noms, se » sont obligés de paié annuellement au dit Prieur de Saint- » Jean, ou à ses successeurs, la somme de 24 livres, qui est » la moitié de ce que le total de la dixme de Saint-Mathieu » a été estimée. Laquelle demeure affectée, hypothéquée à » la dite rente, à commencer la première année de paye- » ment du jour de Saint-Martin prochain, et ainsy à conti- » nuer tous les ans à perpétuité, moyennant quoy le dit » Hôtel-Dieu jouira paisiblement et à perpétuité de la per- » ception entière de la dite dixme. Et à l'égard des cinq » années d'arrérages qui écherront à la Saint-Martin pro- » chain, les dits sieurs Administrateurs ez dits noms, s'obli- » gent d'en payer au prorata de la dite rente de 24 livres » ci-dessus, attendu qu'ils ont joui, et jouissent de la dite » dixme, les dites cinq années, montant à la somme de six » vingt livres, laquelle somme ils promettent de payer » au dit Prieur de Saint-Jean, après que le dit révérend » père Montaigne, au dit nom, leur aura fourny une rattif- » fication du présent contrat, par le dit révérend père » Dom François de Nangis, prieur de Saint-Jean, ce que le » révérend père Montaigne s'oblige de faire.

» Et au moyen de tout ce que dessus, le procès demeure » entièrement esteint et assoupy.

» Fait et passé en l'étude du dit notaire, le 8 no» vembre 1703, après midy ».

La dîme de Saint-Mathieu qui anticipait un peu sur les communes de Gressey et Richebourg, était circonscrite par ces deux communes et celle de Maulette ; par le Prieuré de Fréville, du côté de Saint-Lubin, et par les prairies appartenant au Seigneur, du côté de Houdan.

Cette dîme avait une superficie de 864 arpents, soit environ 430 hectares, mais dans cette superficie était compris le fief de Montenclos, dont la dîme appartenait pour les trois quart au Seigneur de Badonville, commune de Broué, et pour l'autre quart, a l'Hôtel-Dieu de Houdan.

Ce Fief de Montenclos d'une contenance de deux cent-cinquante arpents, commençait au chemin des Moulins-Arts, longeait les prairies bordant la Vesgre jusqu'à Maulette, passait derrière le moulin du dit, remontait la rivière, et par une ligne brisée allait retrouver le chemin des Moulins-Arts à sa jonction avec celui de Brunel.

Il y avait dans ce Fief de Montenclos, à cette époque, de nombreuses parcelles plantées en vignes. Les vignerons, qui depuis quatre ans, refusaient de payer la dîme, ont été poursuivis à ce sujet en 1736, et ont été condamnés, par un jugement qui se terminait ainsi :

« Nous les maintenons dans la possession et jouissance » dans laquelle ils sont, de percevoir la dîme en essence, » dans toute l'étendue du fief de Montenclos, et notamment » des vignes à provenances aux dites parties de raisin, à » raison de quatre pintes par poinçon de vin qu'elles re» cueillent par chaque année. En conséquence, les con» damnons à payer la dixme en essence des vins qu'elles » recueilleront des dites vignes, savoir : au dit sieur Dela» salle, seigneur de Badonville, à raison de trois pintes » par poinçon, et aux dits sieurs Administrateurs de l'Hôtel» Dieu, à raison d'une pinte aussi par poinçon, payable à » la Cuve, ensemble, la dixme des vins qu'elles ont re» cueillis depuis quatre années, suivant l'estimation qui en » sera faite par expertise.

» A Houdan, le 23 janvier 1736 ».

Pour éviter les procès, et mettre fin aux contestations qui existaient continuellement entre Décimateurs voisins, un travail de bornage fut exécuté en 1774, par un nommé Régnier. Le plan de ce bornage est un véritable chef-d'œuvre du temps.

La foire de Saint-Mathieu qui se tenait autour de la Chapelle du dit, et des masures qui existaient à cette époque, prenait de plus en plus d'extension. En 1708, les administrateurs de l'Hôtel-Dieu ont pris la décision, et se sont fait autoriser à percevoir les droits de place sur le champ de foire; ils avaient, en conséquence, établi un tarif, et fixé les droits à percevoir ainsi qu'il suit :

« Premièrement. — Pour le droit ordinaire appelé doublement de mesurage, de chacun septier de bled, froment, méteil, seigle, avoine et orge, etc., un sol quatre » deniers, cy . . . . 1 s. 4 d.

» Pour le droit ordinaire et doublement » du travers de chacun septier des dits » grains, quatre denier, cy . . . . . » s. 4 d.

» Pour le droit ordinaire et doublement » de mesurage qui se fait avec comble, de » chacun minot de grains ronds, pois, fè- » ves, vesse, lentilles rabettes, etc., un » sol, cy. . . . . 1 s. » d.

» Pour le droit ordinaire, et doublement » du travers, de chacun septier de grains » ronds, quatre deniers, cy . . . . . » s. 4 d.

» Pour le droit de coutume de chacun » cheval, mulet, bèste âsine, vendus à la » foire, soit la veille d'ycelle, soit le jour » même, un sol, cy . . . . 1 s. » d.

» Pour le droit ordinaire et doublement » du travers de chacun cheval, bèste asine, » mulet, vendus 8 deniers, cy . . . . » s. 8 d.

» Pour le droit de coutume de chacun » taureau, bœuf, vache, veau vendus, un » sol, cy. . . . . 1 s. » d.

» Pour le droit ordinaire et doublement » de chacun taureau, bœuf, vache et veau » vendus par le travers, deux derniers, cy.	» s.	2 d.
» Pour le droit de coutume de chacun » mouton vendu, deux deniers, cy . .	» s.	2 d.
» Pour le droit ordinaire et doublement » du travers de chacun mouton, un denier, » cy	» s.	1 d.
» Pour la coutume de chacune bèste » porcine vendue, six derniers, cy . . .	» s.	6 d.
» Pour le droit ordinaire et doublement » du travers de chacune bèste porcine, un » denier, cy	» s.	1 d.
» Pour droit ordinaire et doublement » du travers de chacune charette de mar- » chandises, de draps, laines, filaces, toilles, » cuirs, beurre et autres, achetés à la foire, » sept sols six deniers, cy.	7 s.	6 d.
» Pour le droit ordinaire et doublement » d'une charette vide qui a déchargé des » marchandises à la foire, un sol, cy. . .	1 s.	» d.
» Pour le droit ordinaire et doublement » du travers d'un cheval, mulet, bèste àsine » sortant de la foire, chargé de veaux, » œufs, beurre, filace, toille et autres mar- » chandises achetées à la foire, dix de- » niers, cy	» s.	10 d.
» Pour le droit d'étallage d'une somme » de fruit, six deniers, cy	» s.	6 d.
» Pour chacun panier à bras, de volaille, » beurre, fromage et autres menues mar- » chandises, deux deniers, cy.	» s.	2 d.
» Pour l'étallage de chacun boulanger, » un petit pain, ou bien cinq deniers, cy .	» s.	5 d.
» Pour chaque tavernier, une pinte de » de vin, ou cinq sols, cy.	5 s.	» d.

» Pour l'étallage des autres marchan-
» dises de drapiers, toilliers, merciers et
» autres, cinq deniers. . . . . » s. 5 d.
» Pour l'essai de chaque cheval, en four-
» nissant les harnais, colliers et charettes,
» quatre sols, cy . . . . 4 s. » d.

Ces droits de place, mis en adjudication pour la première fois en 1708, ont été adjugés pour un an seulement, moyennant la somme de quarante francs, et en outre, un bonnet de coton pour un pauvre malade.

En établissant les tarifs ci-dessus, les Administrateurs, n'avaient pas prévu que des attractions de toutes espèces viendraient égayer la foire de Saint-Mathieu.

Ces attractions étaient chaque année de plus en plus nombreuses, des saltimbanques, de petites tentes, des jeux divers, s'installaient sur le champ de foire ; et en 1758, un manège de chevaux de bois s'y installa pour la première fois.

L'introduction de tous ces objets, non prévus au tarif, ont obligé les Administrateurs à le modifier et à relever sensiblement les droits, ainsi qu'il suit :

Le manège de chevaux de bois, payait . .	5 sols.
Les tentes	5 sols.
Chaque étal	2 sols.
Chaque poinçon de cidre	3 sols.
Chaque jeux de blanques, balles, etc. . .	1 sol.

Il n'y avait que les moutons qui payaient au-dessous d'un sol.

La foire Saint-Mathieu avait pris beaucoup d'extension, sa durée était de quatre jours, y compris la veille pour la vente des bestiaux. L'année précédente les droits de place avaient été adjugés moyennant 150 fr. et le traditionnel bonnet de coton ne fût jamais oublié. Les Administrateurs qui avaient relevé le tarif, comptaient bien obtenir un fermage plus élevé encore ; mais ils avaient compté sans le Duc de Luynes, qui avait déjà le droit de faire percevoir sur les marchés de la Ville.

Son Intendant, toujours désireux d'accroître les revenus de son maitre, revendiqua, au nom de ce dernier, le droit de faire percevoir également sur tous les bestiaux, et en général sur tous les objets installés sur le champ de foire, soit la veille, de la foire, soit le premier, le deuxième, ou le troisième jour. Les Administrateurs ont été obligés bon gré, mal gré, de s'incliner devant la volonté du Seigneur, en sorte que ces droits de place, n'ont pu être affermés, que par un bail de neuf années, afin de pouvoir établir une moyenne annuelle, laquelle, ne dépassa pas la somme de quarante-six francs, jusqu'en 1790, année ou la Municipalité fit percevoir pour la première fois, ces droits de place à son profit.

Enfin le Seigneur de Badouville, qui réclamait également le droit de percevoir, parce que la foire se tenait sur son fief de Montenclos, fut débouté de sa demande.

Toutes les terres, en général, étaient grevées, et payaient, soit le cens, soit la dime ou la taille, et quelquefois, l'un et l'autre, comme celles d'Epône. La parcelle de terre de Saint-Léger devait le cens, et quoique la somme fut de bien minime importance, les Administrateurs ont été obligés, en 1780, de faire la déclaration suivante :

« Déclaration de cinq quartiers de terre appartenant à » l'Hôtel-Dieu de Houdan, terre et nonvalles en censives et » droits, seigneurie portant profit de lots et vente, défauts, » saisines et amendes quand le cas y échoit, suivant la » coutume de Montfort-Lamaury ; de Très Haut, Très » Puissant et Très Excellent Prince, Monseigneur Louis- » Jean-Marie de Bourbon, Duc de Pentièvre, de Chateau- » Villain, de Rambouillet, Prince d'Anet, comte d'Eure, » Dreux, Brie-Comte-Robert et d'Armanvilliers, Baron du » Siaux de Loigny, et autres lieux, chevalier de l'Ordre du » Roy et de la Toison d'Or, Amiral et grand Veneur de » France, Gouverneur et Lieutenant Général pour sa » Majesté en sa province de Bretagne.

» A cause de la seigneurie de Saint-Léger. Lesquels » cinq quartiers de terre sont situés, dite Seigneurie et pa-

» roisse de Saint-Léger, lieu dit la Chapelle Saint-Fiacre, » près le dit Saint-Léger, entouré en partie de haies vives, » joignant d'orient la rivière de Vaigre et la rue de la » Harpe, d'occident Louis Fosse, d'un bout du midy Fran- » çois Desrues et autres, et d'autre bout la rue de Saint- » Léger à Nogent.

» Appartenant les dits cinq quartiers de terre au dit « Hôtel-Dieu, au moyen de la réunion qui en a été faite par « lettres patentes, données à Versailles, au mois de novem- « bre 1696. Signé : Louis, et sur le repli, par le Roy. Signé : » Philippeaux. A sa charge par le dit Hotel-Dieu de nourrir » et entretenir les pauvres malades à proportion de leurs » revenus.

« Chargés envers la dite Seigneurie de Saint-Léger au » prix de quinze deniers l'arpent. Pour ce, cy un sol, six » deniers, et six centièmes de denier.

» La présente déclaration affirmée véritable, par devant « Jean Luc Rochet, notaire du Duché de Rambouillet, » commis pour la confection du terrier, l'an 1780, le 30 juin.

Il existait dans cette parcelle de terre, non seulement la Chapelle Saint-Fiacre, mais aussi un bâtiment éloigné de la dite chapelle, de cent pas environ. Ce bâtiment et la chapelle, étaient dans un tel état de délabrement en 1739, que les Administrateurs ont sollicité de Monseigneur l'Evêque de Chartres, l'autorisation de vendre ces bâtiments à démolir ; mais nulle pièce n'indique ce qu'ils sont devenus.

La chapelle Saint-Thomas de Cautorbéry d'Epône, qui était dans le même état, fut vendue à démolir en 1744, moyennant 120 francs, et remplacée par une croix.

Il résulte de tout ce qui précède, que le revenu de l'Hotel-Dieu de Houdan, en 1699, ne s'élevait qu'à la somme de neuf cents francs.

Cette somme de neuf cents francs diminua sensiblement pendant quelques années, mais à partir de mil sept cent vingt, ce revenu augmenta au fur et à mesure que la culture prenait de l'extension ; d'abord, parce que le fermage des terres prenait de la faveur, et augmentait régulièrement à l'expiration des baux, et ensuite parce que le rendement des dîmes était chaque année de plus en plus important. Ainsi, le produit de la dîme de Saint-Mathieu qui fut évalué en 1703, à 48 francs par les moines de Coulombs qui en prenaient la moitié, a été affermée en 1788, moyennant la somme de 1,445 francs. La culture, si arriérée au début du XVIIIe siècle, avait déjà obtenu relativement de grandes améliorations dans le rendement des céréales.

L'Hôtel-Dieu augmenta également son revenu par des placements sur des personnes qui empruntaient de petites sommes de cinq à six cents francs au denier vingt.

Au nombre des personnes qui avaient fait constitution de rente annuelle, se trouvait une demoiselle Marie-Catherine de Giffard, habitant le château de Raconis, paroisse de Gambais, en 1717 ; et en 1719, une dame Lenoble, veuve de Messire Maximilien de Bourdonné, chevalier, cy-devant Seigneur de Champigny, gouverneur de la dite ville.

Enfin l'Hôtel-Dieu jouissait, avant 1790, d'une rente de 800 francs sur le Clergé, et de 755 francs sur les Aydes et Gabelles, formant un capital de 35,000 francs, et un revenu de quatre mille quatre cent trente neuf francs.

La période révolutionnaire bouleversa complètement les services de l'Hôtel-Dieu, et arrêta momentanément son développement.

Le revenu du dit Hôtel-Dieu fut réduit à la somme de 2,743 francs par suite de :

La suppression des dîmes.

» » des droits de foire de Saint-Mathieu,

» » des revenus se rattachant à la Féodalité,

» » de remboursements faits à la Nation,

» » par la dépossession de la terre de Saint-Léger qui a été vendue comme biens nationaux par le district de Dourdan, en exécution de la loi du 23 Mésidor, an II (12 juillet 1793), et enfin par la réduction de la rente que l'Hôtel-Dieu possédait sur le Clergé et sur les Aydes et Gabelles, laquelle rente fut convertie en inscription sur le grand livre de la dette publique, et réduite à 494 francs ; ce qui fut appelé alors le tiers consolidé.

Le curé Caillou fut exclu du corps municipal, l'Hôtel-Dieu prit le nom d'Hôpital civil, et la Chapelle servit alternativement de corps de garde, de magasin et de bûcher jusqu'en 1821, époque où elle fut rendue au culte.

Le traitement du personnel hospitalier resta longtemps en souffrance, et ne fut rétabli qu'en l'an 5.

Sur un état, concernant le mouvement des malades, pendant le mois de ventôse, an 4, dans la case réservée aux observations, on lit :

« On ne peut faire assez d'éloges, du zèle et du désinté-
« ressement des sœurs hospitalières, de l'officier de santé
« et du jardinier, qui, quoique n'étant pas payés depuis
« longtemps, n'en montrent pas moins d'ardeur à remplir
« leurs fonctions. »

Au début de la Révolution, le corps municipal était fort embarrassé, il fallait installer la Justice de Paix qui n'existait pas encore, et lui-même n'avait aucun local pour lui servir de mairie, c'est alors qu'il prit la décision d'installer ses bureaux et celui de la Justice de Paix dans l'une des pièces du bâtiment neuf de l'Hôpital, qu'on appelle actuellement salle Sainte-Anne, et qui fut appelée Maison Commune pendant plus de vingt ans.

La maison d'arrêt était au sous-sol du même bâtiment ; la lourde porte en chêne qui fermait cette prison, avec son guichet et ses énormes verroux, existe encore.

Dans la pièce au-dessus qui porte le nom de salle Sainte-Célestine, était la geôle.

Les bureaux de la Municipalité n'ont été transférés dans dans la mairie actuelle, qu'à la fin de l'année 1812, et la maison d'arrêt, en 1821.

Le corps municipal éprouva de grandes difficultés pour approvisionner l'Hôpital entre l'année 1792 et l'an VI.

Un décret du 24 Vendémiaire, an II, portait au titre 5, article 18, que tout malade domicilié de droit ou non, qui sera sans ressources, sera secouru, ou à son domicile de fait, ou dans l'Hospice le plus voisin, que des subsides seraient envoyés aux hôpitaux par le Comité de secours public.

Les conséquences de ce décret, inspiré par une pensée sublime, et par un devoir de solidarité sociale, ont été funestes à l'établissement.

Tous les lits, au nombre de douze, ont été continuellement occupés, sans compter les enfants abandonnés que le dit Hôpital était obligé de recevoir, et le Comité de secours public ne répondait pas aux demandes qui lui étaient adressées par les administrateurs. L'Etat ne pouvait payer la rente qu'il devait, ni la location de la maison d'arrêt, et la plupart des locataires étaient en retard pour payer leurs fermages. L'argent était devenu excessivement rare, l'on ne voyait plus dans la circulation que des assignats.

Les administrateurs qui avaient demandé depuis longtemps un secours de vingt mille francs, et qui voyaient chaque jour les assignats perdre de leur valeur, ont réclamé le double.

Dans une réunion tenue à ce sujet, le président « informa « ses collègues, qu'il avait chargé le citoyen Lamarche, « marchand à Paris, de solliciter vivement auprès de la « Commission des Secours publics, l'obtention non seule- « ment de la dite somme de vingt mille francs, que le corps « municipal réclamait depuis longtemps, mais encore de « pareille somme, dont l'Hôpital a le plus pressant besoin, « pour acquitter ce qui est dû au moment présent, et ache- « ter au comptant de nouvelles provisions, et éviter par ce « moyen, le renchérissement toujours croissant des den- « rées. »

Enfin le Comité exécutif du district de Montfort fut autorisé à verser à l'Hôpital de Houdan, à titre de secours, une somme de cinq mille francs en assignats.

On verra par la suite, que ces assignats n'avaient pas une grande valeur en l'an III et IV.

En réclamant des subsides à la Commission de Secours publics, le Corps municipal avait joint à l'appui de sa demande, un état approximatif de la dépense de l'Hôpital pendant deux mois, lequel état, au cours des assignats, était ainsi dresssé :

« Vingt-quatre boisseaux de fari... équivalant à six quintaux, francs . . . . 5.000 »»

Trois quarts de vin. . . . . 1.050 »»

Deux livres de chandelles. . . . . . . 20 »»

« Seize livres de savon. . . . . 192 »»

« Huit livres de sel. . . . . 6 »»

« Deux bouteilles d'eau-de-vie . . . . 30 »»

« Huit livres de beurre. . . . . 80 »»

« Quatre onces de poivre. . . . . . . 4 »»

« Deux livres d'huile . . . . 40 »»

« Cinquante fagots. . . . . 1.000 »»

« Etc., etc., soit ensemble : 9.143 francs.

Ce présent état dressé pour deux mois de dépenses en l'an 3, n'était pas assez élevé, ainsi qu'on le verra par les achats indiqués ci-dessous :

« Du premier jour complémentaire an 3.

« Il a été livré au dit hôpital, par le citoyen Héomet, « meunier à Giboudet, 325 livres de farine, qui lui seront « payées 4.500 livres.

« Par le citoyen Fournier, maître de poste, à Houdan, « un minot de blé, qui sera payé 200 livres.

« Par le fils Errard, dix livres quatorze onces de savon, « qui lui seront payés 435 livres.

« Par Daloyeau, vigneron à Houdan, un poinçon de vin, « qui lui sera payé 2.500 livres, en rendant la futaille.

Sur un autre compte, d'un nommé Laporte, administrateur et fournisseur de l'hôpital, on lit ce qui suit :

« Compte de moi Laporte, de se que j'ai reçu, de se que « j'ai paië, et de se que j'ai fouraie à la maison d'ospice,

« Du 29 Brumaire, an 4.

« J'ai acheté, à Robert de Beu, un poinçon de vin, la « somme de mille livres.

« Voituré par moi, Laporte, et compté pour ce voïage, « cinquante livres.

« Le citoyen Lelouche, à fournie cent livres de farine, « le prix n'a pas été fixé.

« Ont a acheter cent-soixante-quatre livres de farine, « au citoyen Cresté de Châteauneuf, à quarante livres la « livre.

« J'ai vendu, à la citoyenne Etiasse et à Pierre Ler, neuf « minots d'avoine, au courand du marché du jour, les neuf « minots montent à la somme de sept mille deux cents « livres.

« Il a étté fournie et livré deux cent quatre-vingt-douze « fagots, et estimée à 22 livres le fagot.

« J'ai donné un mémoire de la chandelle que j'ai fournie « à différents prix, montant à dix-sept cents livres, dont les « prix sont portés au mémoire.

« J'ai donné à la sœur Bauvais, les dix-sept cents livres « en assignats.

L'argent était devenu si rare en 1791, que plusieurs villes avaient imité le Gouvernement, et avaient émis du papier monnaie,

La petite ville de Houdan est au nombre de celles qui en ont émis, et qui en ont fait usage pendant quelques années, ainsi qu'il résulte d'un arrêté pris dans une délibération, en date du 16 décembre 1791, ainsi conçu :

Le Conseil Général de la Commune a arrêté, qu'il sera fait incéssamment imprimer des petits billets monnaie, à l'empreinte et au nom de cette municipalité, pour une somme dix mille deux cents livres.

Le deux février 1792, dans une autre séance, il a été arrêté, qu'il sera fait de nouveau, des billets de trois sols, pour une somme de sept mille livres, pour faciliter l'émission des billets de douze et de dix-huit sols.

Soit ensemble, une somme de dix-sept mille deux cents francs.

Le 5 avril 1793. Il a été brûlé, en présence du public, devant la porte de la Maison Commune pour une somme de six-mille huit cents livres de billets créés par cette municipalité.

Le 23 juin 1793. Il en a été brûlé pour une somme de quatre mille livres.

Et le 21 nivôse, an 2, pour une somme de cinq mille francs.

La Municipalité accuse un bénéfice de 1.400 livres.

Extrait du registre des délibérations de la Municipalité de Houdan.

COMMUNE

Le 24 mars 1791.

Le Département demande un état certifié de la Municipalité, des dépenses faites pour l'établissement du local, où le juge de paix du canton de Houdan tient ses audiences, dans le cas où il les tiendrait ailleurs que chez lui, et un apperçu annuel des dépenses.

Cet état concernant la dépense faite par le juge de paix du canton de la Ville de Houdan, depuis sa nomination pour la tenue de ses audiences, est ainsi établi :

1° Deux cordes de bois 27 francs.	54 »»
2° Voitures	16 »»
3° Seize livres de chandelles à 15 sols	12 »»
4° Cent fagots	15 »»
5° Frais de bureau, comme plumes, encre, papier et cire à cacheter	6 »»
Total.	103 »»

Plus, il a été fourni par la Commune, d'après une délibération du Conseil Général, du 19 janvier dernier, un Auditoire pour la tenue des audiences du juge de paix, de valeur locative annuelle de la somme de trente-six livres, lequel Auditoire a été meublé d'une table, un tapis, quelques chaises et une tapisserie estimée ensemble trente livres, de laquelle somme, la Commune réclame en son nom, le remboursement.

Le budget de la Ville de Houdan, en 1791, était ainsi établi :

Dépenses locales de la Municipalité pour l'année 1791.

1° Entretien du presbytère.	80 »»
2° Loyer ordinaire des séances . . .	60 »»
3° Appointement du secrétaire-greffier.	370 »»
4° Fourniture de bois, lumière et papier.	600 »»
5° Traitement du maître d'école	100 »»
6° Traitement du garçon de bureau. . .	250 »»
7° Loyer du corps de garde	135 »»
8° Publication des lois.	100 »»
9° Deux sergents de ville, chacun 50 fr..	100 »»
Total. . . .	1.795 »» livres.

Le traitement du receveur de la contribution foncière, les deniers additionels pour la perception de la contribution mobilière et la réimposition pour couvrir les décharges ou réductions accordées sur les impositions de 1790, ne sont pas fixés.

A la suite de ce budget. on lit :

15 novembre 1791

Acquisition pour la Commune, de la Chapelle Saint-Jean et terrain adjacent, pour la somme de neuf cents livres.

5 juillet 1792

Arrêté que la chapelle Saint-Jean sera vendue le plus tôt possible, et que les vingt-cinq perches de terre autour de ladite chapelle, seront conservées.

12 mai 1793

Alloué au citoyen Massieu la somme de trois cent vingt-quatre livres pour graver sur deux pierres de marbre, les droits de l'homme, ladite somme payable en deux termes, le premier lorsque l'ouvrage sera à moitié et le surplus lorsqu'il sera parachevé.

21 juin 1792

Le corps municipal a été chargé de faire édifier sur le terrain de l'Hôtel-Dieu un bâtiment capable de faire un corps de garde, lequel bâtiment serait néanmoins assez grand pour pouvoir loger la gendarmerie nationale et même servir d'hôtel de ville (1).

2 ventôse an IIIme

L'ancien poële du corps de garde, rempli d'emblêmes et attributs de la Royauté, et ôté à cet effet du dit corps de garde, a été vendu comme ferraille, étant tout disloqué, au citoyen Angiboust, maire, et Barras, officier municipal, pour le prix de quinze livres, dont ils demeurent comptables envers la commune.

TEMPLE (Ci-devant église)

8 frimaire an IIme

Les Commissaires, chargés par le corps municipal de l'enlèvement de l'or et argenterie de l'église, ont déposé sur le bureau plusieurs pièces de différente nature, servant au culte catholique ; l'assemblée, après avoir examiné et démonté ces différentes pièces, a procédé à leur pesée, de laquelle il en est résulté, savoir :

Cinquante-cinq marcs (2) deux onces de galon or et argent, cy....................	55 m. 2 on.
Quarante-huit marcs d'argent massif, ci.	48 m. » on.
Trente-sept marcs deux onces d'argent monté, ci............................	37 m. 2 on.
Faisant un total de......	140 m. 4 on.

Les citoyens Duguet, Fleury, Sainclair et Devresse, sont nommés commissaires à l'effet de les déposer à la Convention.

17 floréal an IIme

Le citoyen Duguet a été nommé pour faire le dépôt au district de Montfort, de trois croix de Saint-Louis, qui avaient été oubliées de joindre aux autres effets.

(1) Les bâtiments de cet ancien corps de garde n'ont pas été démolis ; transformés en maison d'habitation, ils sont occupés actuellement par M. Thomain, marbrier.

(2) Le marc valait huit onces ou la demi-livre ancienne (240 grammes).

22 nivôse an IIme

Arrêté, que les objets servant au culte seraient vendus, distraction faite des linges susceptibles d'être employés pour les armées, et dont le produit servira à acquitter l'emprunt fait à la fabrique.

14 pluviôse an IIme

Le citoyen Dugué a été nommé commissaire pour porter au district, les cuivres et fers provenant de la dépouille des églises, pesant en masse. . . . . (néant).

Arrêté, en outre, que les différents objets dépendant des confréries seraient vendus au profit de la commune.

Du 24 germinal an IIme

Il a été accordé au citoyen Leguet, ardoisier, la somme de cent soixante et onze livres pour abattre les croix et détruire tous les titres de féodalité et de superstition encore existant sur le temple et dans son intérieur.

Du 25 pluviôse an IIIme

Le citoyen Dugay chargé par la municipalité, à titre de dépôt, d'une somme de cent quatre-vingt-huit francs provenant de la vente des fers et cuivres dépendant des chapelles du Bon-Dieu et de la Bonne-Vierge, a reçu décharge de la dite somme, appuyé de mémoires quittancés.

Dans l'inventaire des pièces relatives à la vente du mobilier du temple, on trouve dans la deuxième pièce, un acte de délibération du Conseil général de la commune de Houdan, du 22 nivôse an IIme, qui autorise le corps municipal de la dite commune à vendre différents objets servant au culte, pour remplir le déficit de l'emprunt qu'ils ont fait à la Fabrique.

Un ordre, en date du 4 messidor an IIme, donné par le citoyen Fleury, commissaire, nommé par l'administration du district de Montfort pour la vente du couvent de Houdan.

Une quittance du 19 septembre 1792, donnée par le citoyen Lefresne aux officiers municipaux de Houdan, de la somme de soixante-douze livres, pour les dépenses qu'il a faites pour porter l'argenterie du Couvent (1).

Le 4 messidor an IIme

Ordre au citoyen Duguet, commissaire de la Municipalité de Houdan, pour la vente du mobilier du Temple (ci-devant Eglise).

Une quittance de douze livres, donnée par le citoyen Bachelet, le 4 nivôse, an IIme, pour avoir dévasté l'Eglise.

Un mémoire du citoyen Plessis Jean, montant à la somme de cinquante livres, pour avoir conduit la grosse cloche de Houdan au district de Montfort.

Une lettre des officiers municipaux, qui donne avis aux administrateurs du district de Montfort, de l'envoi qu'ils lui font, de l'expédition du procès-verbal de vente du mobilier de l'Eglise, faite par les officiers municipaux du temps.

Inventaire des pièces d'argenterie trouvées dans la sacristie de la Fabrique de Houdan ; le dit inventaire a été déposé le 8 messidor, an IIIme, par les citoyens Morinet, Duguet, Fleury, Bouvet et Duguay, et par eux certifié véritable.

---

(1) L'almanach de Versailles de 1791, cité par M. Lorain, secrétaire de la Société Archéologique de Rambouillet, dans sa brochure se rattachant à la visite que cette société fit à Houdan le 21 septembre 1903, décrivait ce couvent ainsi qu'il suit : Le couvent des religieuses de la congrégation de Notre Dame, Ordre de Saint-Augustin, a été fondé en 1636, principalement pour l'instruction de la jeunesse, et le but de cette institution ne pouvait être mieux rempli, car cent cinquante jeunes filles, soit pensionnaires, soit externes, y reçoivent leur éducation.

L'instruction de ces dernières est gratuite.

Ce couvent était situé dans les propriétés de M. Regnier ; les cours et jardins s'étendaient au-delà de l'Opton, et longeaient cette petite rivière jusque sous la propriété de M. Mahieu, au numéro 86.

Entre les bâtiments du couvent et le carrefour du Plat d'Etain, situé en face l'hôtel de ce nom, il n'y avait que quelques maisons basses en bordure sur la rue Parisis, lesquelles maisons n'avaient qu'une étroite bande de terrain par derrière.

L'on voit également sur un vieux plan, qu'à cette époque, la propriété Lelouche située actuellement impasse de l'Hospice et anciennement rue Basse, était habitée par des Dames religieuses et que le logement se composait de chambres basses, d'une étable et d'un moulin à tan, tombant en ruines.

Lettre du procureur syndic du district de Montfort, en date du 22 septembre 1791, par laquelle il invite les officiers municipaux de Houdan, de faire démeubler la chapelle Saint-Jean de tout ce qui la garnit, et d'adresser le tout au Gouvernement.

Lettres des mêmes, du 28 juin 1792, aux officiers municipaux de Houdan, pour laquelle ils leur annoncent qu'ils recevront avec la présente, copie d'un arrêté du Département, sur la demande qu'ils ont faite, de la conservation de la Chapelle Saint-Jean, et du terrain adjacent (1).

Lettre des administrateurs du district de Montfort, en date du 28 décembre 1792, par laquelle ils annoncent aux officiers municipaux de Houdan, l'envoi des procès-verbaux d'inventaire et recensement faits le 20 juilet 1790, et le 17 septembre 1792, des meubles et effets du ci-devant Couvent de Houdan, pour les remettre au citoyen Devresse, qui doit en faire la vente.

Lettre des mêmes, portant invitation de faire descendre les cloches du clocher du Couvent de Houdan.

Procès verbal de vente des meubles du Temple.

Lettre des mêmes, portant invitation d'appporter au district, les battants des cloches de cette commune.

L'Eglise et les Chapelles renfermaient, avant la Révolution, une quantité considérable d'objets de grande valeur pour le service du culte.

Les pièces principales, qui contenaient de l'or et de l'argent, ont été déposées à la Convention.

Les autres objets en fer, cuivre, étain, plomb, bronze, ainsi que les linges, ont été portés au district de Montfort, le reste qui a été vendu aux enchères, n'a produit qu'une somme de deux mille six cent quatre-vingt-dix francs.

Les Autels, le banc de l'Œuvre, les Confessionnaux et la Chaire à Prêcher, qui représente généralement le plus beau

(1) Cette chapelle ne fut démolie qu'en 1821, pour l'agrandissement du cimetière, et reconstruite où elle se trouve aujourd'hui. La parcelle de terre de 25 perches fut réunie au cimetière.

morceau de travail, n'a été vendue que trente-quatre livres deux sols.

En 1800, le Gouvernement demandait aux Hôpitaux de lui fournir un état détaillé des rentes supprimées, et l'évaluation de terres qui ont été vendues pendant la Révolution, afin de donner aux hôpitaux, des propriétés en compensation des pertes qu'ils ont subies.

Pour se conformer à cette demande, la commission administrative produisit l'état détaillé ci-dessous.

Etat des redevances dont jouissait, sur des établissements supprimés, l'Hospice civil de la commune de Houdan.

« 25 perches de terre et 75 de pré, place de » Masure, à Saint-Léger, canton de Dourdan. » Bail devant Me Bellière, le 8 octobre 1786, » pour 9 années, moyennant 76 francs, ci. . . 76 »»

» (Observations). La terre ci-contre, actuel- » lement totalement en pré, louée 76 francs et » un dindon, était susceptible d'une forte aug- » mentation, à cause de sa position avanta- » geuse, tenant immédiatement aux maisons, à » cause encore de la bonne qualité de son foin, » et de la haie vive qui l'entoure, où il y a » beaucoup d'arbres sujets à émondes.

» Vendue au ci-devant district de Dourdan.

» Foire dite de Saint-Mathieu de Houdan. » Bail à Dieudonné, devant Me Bellière, notaire » à Houdan, le 6 septembre 1785, moyennant » 46 francs et un bon bonnet de coton ; sup- » primé par les lois, ci . . . . 46 »»

» Dixme de l'Hôtel-Dieu de Houdan.

» Le dernier bail fait au citoyen Paunier, » le 5 décembre 1785, pour neuf années, moyen- » nant 1,445 francs, ci . . . . 1.445 »»

A Reporter . . . . 1.567 »»

Report	1.567 »»
» Rente sur le ci-devant clergé, de 800 fr., » la rente ci-contre originairement de 1,000 fr., » au principal de 20,000 fr., réduit à 800 fr. de » rente, conformément à la délibération de » l'assemblée générale du clergé du treize oc- » tobre 1775, ci.	800 »»
» Rente sur le ci-devant domaine Seigneu- » rial de Houdan, dû par le citoyen Albert de » Luynes, supprimée.	40 »»
Total de la réduction	2.407 »»

Pour compenser l'hôpital de cette réduction, le gouvernement avait annoncé des terrains à Gassicourt et une grange à Gargenville.

Cette promesse ne fut réalisée qu'en partie, car l'hôpital de Houdan ne fut jamais mis en possession des terrains situés à Gassicourt, quant à la grange de Gargenville, elle dépendait du presbytère, et le curé prétendait que le presbytère et ses dépendances ayant été rendus au clergé, la dite grange devait également en faire partie, attendu qu'elle se trouvait dans la cour de la cure, qu'il fallait entrer par la même porte, ce qui établissait une communauté insupportable dans le presbytère,

Enfin, après dix ans de contestations, la grange de Gargenville fut vendue neuf cents francs au profit de l'hôpital.

Si au cours de cette histoire, nous avons vu les moines de Coulombs et quelques Seigneurs revendiquer des droits excessifs sur des revenus que le roi Louis XIV avait donné pour secourir les malheureux, il est bon, par contre, de citer la réponse que Mgr. l'évêque de Chartres a fait aux administrateurs de l'Hôtel-Dieu, après avoir appris par les dits administrateurs, que la misère affreuse qui sévissait à Houdan depuis longtemps à cause d'un hiver extrêmement long et rigoureux, leur avait déjà occasionné une dépense de près de quinze cents francs pour les secours à domicile ; que les ressources étaient en grande partie épuisées et que l'on ne pouvait prévoir la fin de cette malheureuse situation.

Cette réponse, inspirée par des sentiments profonds d'humanité, était ainsi conçue :

» Chartres, le 20 février 1784.

» Messieurs,

» Je suis entièrement avec vous pour le soulagement de
» vos pauvres, il faudrait plutôt vendre le fonds de l'hô-
» pital et jusqu'aux vases sacrés, plutôt que de les laisser
» dans la souffrance, et s'en rapporter à la Providence du
» soin de réparer cette pieuse prodigalité. »

Le Consulat permit à la Commission administrative de l'hôpital de remettre un peu d'ordre dans les finances de cet établissement.

En 1800, l'hôpital accusait encore un arriéré de mille francs.

Sur un état de situation présenté le 1er vendémiaire an IX, on lit dans la colonne réservée aux observations :

L'hospice jouissait, avant la Révolution, de 1.555 francs de rente sur l'Etat ; de 800 francs sur le ci-devant Clergé, et 756 francs sur les aydes et gabelles. On ignore si ces rentes ont été converties en inscriptions sur le grand livre de la dette publique, attendu que les Administrateurs antérieurs à la commission actuelle n'ont rendu aucun compte. Si elles ont été converties, alors il existe un tiers consolidé de 518 francs, qui rendront en quelque sorte suffisantes les ressources de l'hospice, dans le cas contraire, il est nécessaire d'ajouter à son revenu actuel de 2.135 francs, une somme de 600 francs qu'on peut trouver dans un octroi sur l'étalage des marchandises au marché de Houdan.

La dette serait réduite de moitié si le gouvernement versait dans la caisse de l'hôpital les 523 francs qu'il a avancé pour les entants abandonnés.

Il existait bien un tiers consolidé, mais de 494 francs

seulement, ce qui porta le revenu de l'hôpital, en 1800, à la somme de 2,620 francs.

Le 21 fructidor an XIII (1801). Répondant au sous-préfet, au sujet d'une demande de renseignements, sur le régime moral et économique de l'hospice, sur l'influence des opinions religieuses sur les mœurs, etc., etc. Le maire de Houdan s'exprimait ainsi.

« Monsieur,

» Je réponds à votre lettre du 13 de ce mois.

» 1° Sur le régime moral et économique de notre hospice,

» Les trois sœurs qui y servent les malades sont d'une » conduite et d'une piété édifiante. Les malades ne cessent » de se louer de leurs bons soins, elles ont la plus grande » économie dans les dépenses journalières de l'hospice. Les » administrateurs du dit hospice leur ont fait connaître son » peu de revenu qui s'élève au plus à 2.500 francs et par » conséquent la nécessité de concourir avec eux à porter » la plus grande économie sur toutes les dépenses. L'officier » de santé actuel du dit hospice y contribue aussi beaucoup.

» 2° Sur le régime de la prison :

» Le géolier actuel est un ancien militaire pensionné, » qui se conduit avec douceur envers les prisonniers et » fermeté et prend tous les moyens de sûreté.

» 3° Sur l'influence des opinions religieuses, sur les » mœurs, sur les usages et la conduite des habitants :

» L'esprit de religion a toujours dominé en cette ville, » ses habitants l'on hautement manifesté, dès qu'ils ont » conçu l'espérance de voir rétablir le culte de leurs Pères, » c'est-à-dire la religion catholique, qui est la seule qu'on » professe ici.

» Les habitants sont industrieux et laborieux en général, » les jours de repos, ils s'amusent par coterie, par société, » presque tous fréquentent l'église les dimanches et fêtes ; » cependant il y a ici, mais en petit nombre, quelques » ivrognes qui, pendant l'office divin, restent au cabaret et » y chantent les louanges de Bacchus pendant qu'on chante

» dans l'église celles du Seigneur, c'est très scandaleux, » lorsque les cabarets sont proches de l'église, il serait à » désirer qu'on fut autorisé, comme autrefois, à empêcher » de pareilles orgies et qu'il ne fut permis aux cabaretiers » de donner à boire, pendant le Service divin, qu'aux » étrangers et aux voyageurs.

» Signé : GERBÉ, maire ».

En 1811, Napoléon Bonaparte, de passage à Houdan, laissa une somme de deux mille francs pour l'hôpital, et mille francs qui ont été distribués dans l'hiver aux indigents, en pain et vêtements.

Cette somme de deux mille francs servit en grande partie au renouvellement du mobilier de l'hôpital qui était dans un état déplorable.

En 1012, la situation financière de l'hôpital s'améliorait un peu. Par suite de la suppression du cens, des tailles et des dîmes, le fermage des terres était augmenté de près de cinq cents francs.

C'est en 1812 que la première adjudication de viande fut donnée à un boucher nommé Laporte, moyennant 87 centimes le kilo. Sur le cahier des charges on lit : « Il leur a » été dit que cette fourniture devrait être faite, toujours en » tranches de bœuf, de veau, quand l'état des malades » l'exigera, et peu de mouton, sans jamais mettre en compte » de la viande dite *réjouissance*, que ces charges étaient de » rigueur ».

En 1819, dans la même salle ou étaient les bureaux de la mairie, une école gratuite pour les filles pauvres fut installée et fonctionna jusqu'au 1er juin 1838. La ville payait à l'hôpital une somme de six cents francs pour la location de la salle et pour le traitement de la sœur qui faisait la classe.

1840 fut le point de départ d'une progression continuelle jusqu'en 1880. Déjà, par suite de dons et legs, le budget des recettes excédait celui des dépenses de près de trois mille francs.

L'établissement commençait à recevoir quelques pensionnaires et des malades payants, et les charges de l'hôpital étaient sensiblement allégées.

La municipalité, depuis quelque temps, avait créé un bureau de bienfaisance, qui lui permettait de secourir les indigents. L'hôpital n'avait plus cette lourde charge, car il est bon de rappeler que pendant plus d'un siècle les malheureux n'ont eu d'autres secours que ceux qui leur étaient donnés par l'Hôtel-Dieu, soit à domicile, soit dans l'établissement. Un fourneau, ou plutôt une chaudière, qui ne fut démolie qu'en 1812, était installée pour donner la soupe en hiver aux pauvres de la ville. Pendant les hivers rigoureux, les épidémies et les moments de disette, l'Hôtel-Dieu dépensait des sommes relativement considérables.

L'établissement s'occupait également de l'instruction des enfants pauvres.

Jusqu'en 1790, l'Hôtel-Dieu habillait et faisait instruire, pendant deux ans, six petits garçons et quatre petites filles, lesquels enfants étaient pris et choisis, dit une délibération, dans les familles les plus pauvres et hors d'état de donner aucune instruction à leurs enfants.

Les administrateurs payaient au maître ès-arts et d'école, une somme annuelle de cent francs et quatre-vingts francs à la maîtresse.

Les petits garçons qui avaient des facilités pour apprendre restaient à la classe.

Les petites filles entraient en apprentissage, au sortir de l'école ; on les mettaient de préférence chez des maîtresses couturières capables de faire des robes pour dames.

Enfin, les enfants abandonnés qui restaient à la charge de l'Hôtel-Dieu, étaient également mis en apprentissage.

L'Hôpital fut incontestablement, pendant plus d'un siècle, d'une grande utilité pour les pauvres de la ville de Houdan, et en général, depuis sa fondation, cet établissement de bienfaisance a toujours été d'un grand secours pour le soulagement de l'Humanité.

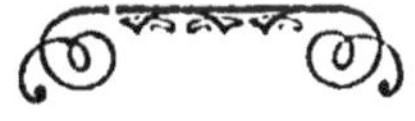

TROISIEME PARTIE

HOPITAL-HOSPICE DE HOUDAN

Constructions et Développement
Hospitalisation Cantonale
Principaux Donateurs

TROISIÈME PARTIE

HOPITAL-HOSPICE DE HOUDAN

Constructions et Développement
Hospitalisation Cantonale
Principaux Donateurs

Les bâtiments primitifs qui avaient été élevés dans la dernière moitié du XVIe siècle, tombaient en vétusté à la fin du XVIIe.

Ayant cessé d'être occupés depuis 1672, ces bâtiments qui étaient couverts en chaume et construits en pisé avec quelques pans de bois, étaient inutilisables en 1695.

L'on ne pouvait rétablir l'hospitalité qu'en faisant édifier de nouvelles constructions, et les administrateurs ne possédaient à cette époque aucune ressource qui leur permit de faire exécuter le moindre travail.

Il fallut attendre neuf années pour économiser la somme nécessaire aux premières constructions, et cinq autres années, pour acquérir l'ameublement indispensable pour recevoir quatre malades ; deux de chaque sexe.

De tous les bâtiments qui existaient avant 1695, il ne reste que la chapelle qui fut bâtie comme il est dit dans la première partie, entre les années 1636 et 1640.

Une partie du principal corps de bâtiment contigu à la chapelle a été construit en 1704.

Ce premier corps de bâtiment, qui fut le début de la reconstruction de l'Hôpital actuel, était composé de deux grandes salles, qui ont toujours conservé le nom de salle Saint-Jacques et salle Saint-Mathieu, et du logement destiné au personnel hospitalier.

Les travaux à forfait de ces premiers bâtiments, ont été adjugés à un entrepreneur de Dreux, moyennant la somme de deux mille deux cents livres ; mais les salles étaient basses, et n'avaient pas de cheminées.

En 1752, la charpente de ce bâtiment qui menaçait de s'effondrer, fut entièrement retaillée ; les pointes et côtières ont été rehaussées de quatre pieds pour le mettre à la hauteur où il est aujourd'hui.

Le plancher des deux salles fut remonté de trois pieds, avec de bonnes solives et de fortes poutres, afin, dit la délibération, de pouvoir se servir des greniers, pour resserrer le grain provenant des dîmes après battage, et l'on fit construire, en même temps, une cheminée dans chaque salle de malades.

Ces premiers bâtiments n'étaient pas encore meublés, ni occupés trois ans après. En 1707, une compagnie de carabiniers passa l'hiver dans les dits bâtiments, ainsi qu'il résulte d'une délibération en date du 30 octobre, ainsi conçue :

« Et le trentième octobre 1707 à quatre heures de rele-
« vée, à l'issue dès vèspres de la paroisse. Nous, attendu
« la convocation publiée par l'ordre de messire Louis Bro-
« chand, prêtre licencié ès-loix, chanoine de l'église cathé-
« drale de Chartres, député de monseigneur l'Evèsque de
« Chartres, pour vacquer aux affaires de l'Hôtel-Dieu de
« Houdan, arrester les comptes, et faire ce qui est conve-
« nable pour le bien et avantage du dit Hôtel-Dieu, suivant
« le pouvoir à luy donné par sa Grandeur le dix-neuvième
« octobre 1707.

« Sur ce qui nous a été représenté par messieurs les
« maire, échevin et assesseurs et autres habitants qu'il y a
« à Houdan une compagnie de carabiniers, qui y doivent
« passer l'hiver, et qu'il serait difficile de trouver au dit

« lieu des chambres convenables pour les loger, sans « incommoder notablement les habitans, que le bâtiment « destiné pour le logement des pauvres et malades, n'étant « point meublé, ni habité, conviendrait fort pour loger les « dits carabiniers. »

L'affaire mise en délibération a été résolue selon la proposition du député de monseigneur.

En 1708, monseigneur l'Evêque de Chartres, presse le règlement des comptes des travaux qui ont été exécutés à l'Hôtel-Dieu, et réclame instamment l'établissement de l'hospitalité, sur un procès-verbal ainsi conçu :

« Nous soussignez, nous sommes assemblez, et sur ce « qui nous a été remontré par le sieur curé de Houdan, que « monseigneur l'Evèsque de Chartres, estait fâché, de ce « que l'on ne rendait pas les comptes de l'Hôtel-Dieu, et de « ce que l'on n'y establissait l'hospitalité ; veu la lettre de « monsieur Brochand qui explique les justes et charitables « intentions de sa Grandeur, en date du 1er septembre 1708. « Nous avons été d'avis que M. Bernardin Caillou, rece- « veur du dit Hôtel-Dieu, serait averti de déposer son « compte afin de le présenter dans un mois, suivant le désir « de monseigneur, exprimé dans la lettre du sieur Bro- « chand. Comme aussy que l'hospitalité sera incontinent « establie, et que pour cet effet, M. Mareschaulx, chanoine « de l'Eglise de Chartres, qui, estant à Houdan en partie « pour les affaires de l'Hostel-Dieu, a marqué au sieur curé « de Houdan, connoître des filles vertueuses très capables « de servir les pauvres, et d'observer les règles des Hopi- « taux, serait prié, par le dit sieur curé d'envoyer inces- « samment une de celles qu'il jugera la plus capable, pour « commencer la dite hospitalité, et d'en disposer une « seconde, pour venir aussitôt qu'il sera besoin.

Ces filles vertueuses, proposées par le chanoine Mareschaulx étaient de futures sœurs hospitalières d'une communauté de création récente, qui se sont appelées, d'abord, sœurs de Saint-Maurice, et plus tard sœurs de Saint-Paul de Chartres, lesquelles sont arrivées à l'Hôtel-Dieu de Houdan, au nombre de deux, pour commencer l'hospitalité, le

15 avril 1709. Leur traitement fut fixé deux ans après par monseigneur l'Evèque de Chartres, à la somme de trente-cinq livres par an, à chacune d'elle pour leur entretien, soit dix-neuf deniers par jour.

L'Hôpital, qui n'avait que quatre lits en 1709, ne fut inauguré que deux ans après, ainsi que le constate le procès-verbal d'inauguration ci-dessous :

« Le joudy seizième jour d'avril 1711, Nous Charles-« François, par la grâce de Dieu et authorité du Saint-« Siège apostolique, Evesque de Chartres, conseiller du « Roy en tous ses conseils, accompagnez de vénérables et « circonspectes personnes, M. Gaspard de Fagasse de la « Bastie, prestre, docteur en théologie de la faculté de « Paris, abbé commandataire de l'abaye de Notre-Dame « d'Ardenne, ordre des Prémontrés, diocèse de Bayeux, cha-« noine et grand archidiacre de notre église cathédrale de « Chartres, l'un de nos vicaires généraux, M. Pierre-Guil-« laume de la Vieuxville, prestre, docteur en théologie de « la Faculté de Paris, prieur commondataire du Prioré « Notre-Dame de Fontaine Géhard, ordre de Saint-Benoist, « diocèse du Mans, et archidiacre de notre dite église cathé-« draie, et aussy l'un de nos vicaires généraux, M. Jean « Ferchand, prestre du diocèse d'Angers, notre aumonier, « et de M. Jean Poluche, acolyte, notre secrétaire ordi-« naire.

« Estant au cours de notre visite à Houdan, nous nous « sommes transportez dans la chapelle de l'Hôtel-Dieu de « Houdan, sous l'invocation de Saint-Sauveur, en laquelle « nous avons été reçus par M. Nicolas Verrier, prestre, « bachelier en théologie, curé de Houdan, de laquelle cha-« pelle nous avons fait la visite, et avons ordonné qu'on « mettra des vitres à la fenêtre au-dessus de la porte, « ensuite nous avons visité les bâtiments et enclos du dit « Hôtel-Dieu, auquel ont été réunies quelques maladreries « des environs, avons trouvé deux salles dans lesquelles « sont dressez deux lits en chacune, l'une pour les hommes « et l'autre pour les femmes, et aussy les appartements des-« tinez pour le logement des deux sœurs qui y sont établies

« pour le gouvernement des malades, avons ordonné, du « consentement des administrateurs, qu'il sera donné, par « chacun an, aux dites deux sœurs, la somme de trente-« cinq livres pour leur entretien, outre leur nourriture, « moyennant quoy, tout leur travail sera au profit du dit « Hôtel-Dieu.

« Ordonnons, qu'il sera fait un inventaire de tous les « titres, papiers, meubles et enseignements du dit Hôtel-« Dieu, qui sera arrêté et signé par les sieurs administra-« teurs, et renfermé avec les titres dans une armoire, au « bureau du dit Hôtel-Dieu, sous trois clefs prohibitives, « dont une sera mise en mains du sieur maire, l'autre en « mains du sieur Prévost, et la troisième en celles du sieur « curé, de laquelle armoire, on ne retirera aucun papier « sans y laisser à la place un récépissé, qui sera rendu en « rapportant les titres ou papiers.

Une grande partie des objets concernant l'ameublement des salles, tels que, linge, rideaux serge pour entourer les quatre lits, et tous les objets de literie en général, ont été achetés à Chartres, parce que les administrateurs avaient trouvé que les étoffes étaient moins chères à Chartres qu'à Houdan.

Les quatre bois de lit ont été fabriqués à Houdan, ainsi que le constate la Convention suivante :

« Nous, soussignez, sommes convenus de ce qui suit :

« Seavoir, moy François Hardoin, que je feray pour « l'Hôtel-Dieu de Houdan, quatre bois de lits, de cœur de « bois de chêne, coupé au moins depuis un an, non échauffé, « ni picqué des vers, et sans aubié, lesquels bois de lits, se-« ront chacun plus large d'un pouce que celuy que j'ay fait « pour le sieur curé de Houdan, et au surplus semblable. « Item, quatre dossiers de bois de peuple. Des fonds en bois « de peuple autant qu'il en faudra pour garnir près à près, « tous et chacun des dits bois de lits. Item, des emboitures « en bois de chêne de pareille qualité, de largeur et force « convenable pour bien emboister et soutenir les planches

« du milieu qui seront larges en bois de peuple, fortes, de « manière qu'elles puissent bien soutenir les malades qui « ont coutume de s'allonger à la corde, qui a coutume d'y « être attaché.

« Sommes convenus de payer au dit sieur Hardoin, pour « chacun des dits bois de lits, pour les faire et fournir toutes « choses, treize livres pour chacun bois de lits, garni de « de son dossier, des ses fonds et emboitures de la manière « cy-dessus, à la charge toutefois que le tout sera fait et « livré, le premier décembre prochain, faute de quoy, seront « diminués sur le total du sieur Hardoin, cinq sols pour cha- « que jour de retard.

« Fait, le 25 octobre 1708.

« Signé : HARDOIN, POUILLOT, VERRIER, CAILLOU.

A cette époque, les objets en terre, faïence, porcelaine et la verrerie, étaient a peu prés inconnus dans le service de l'hôpital. La plus grande partie des ustensiles de cuisine, et même les vases de nuit étaient en étain, ainsi que le constate le mémoire ci-dessous :

« Du 24 février 1709. Michel-Salmon-Postier d'Estain, a « fourny pour l'Hôtel-Dieu de Houdan, par ordre de M. le « Doyen de Notre-Dame de Chartres.

« Première. Six écuelle ovaille, six ceauciers, six gobe- « lets, six post de chambre, deux bassins de lit à vice, deux « baheu pour mettre dans le lit des malades, une fontainne, « deux bassins, quatre plast, une dousenne d'assiettes, deux « post à l'eau, une dousenne de quilliers, le tout d'estain « commun, pésant en tout quatre-vingt-huit livres, à saise « sols la livre, valle soixante et dix livres huit sols « cy . . . . 70 livres 08 sols

« Plus pour la facon de deux baheu. 4 livres

« Plus de deux post à l'eau 10 sols. 10 sols

« Plus de la fontainne 4 livres, ci. 4 livres

« Plus des deux bassins de lit 3 li- « vres. . . . . 3 livres

« Plus de 12 quilliers 5 livres, ci. 5 livres

« Plus des 6 post de chambre, à

« 5 sols pièce. . . . . 1 livre 10 sols

« Plus des 6 gobelets à 2 sols 6 de- « 15 sols. . . . . 15 sols

« Plus pour deux seringues 7 livres. 7 livres

« Plus pour 6 palettes d'estain fin à 10 sols pièce. . . . . 3 livres

« Plus pour un crachoir d'estain fin 3 livres, ci. . . . . 3 livres

« Plus pour une quilliers couverte trente sols, ci. . . . . 1 livre 10 sols

« Somme totalle monte à 97 livres 8 sols.

La progression de l'Hôtel-Dieu ne se fit que très lentement ; ainsi, en 1743, il n'y avait encore que cinq lits.

L'Installation d'un sixième lit ne fut décidée que dans l'assemblée du 15 juin 1744.

« Sur les représentations qui nous ont été faites, dit le « Président, que les maladies et les misères augmentent « tous les jours à Houdan, demandent qu'on y établisse un « sixième lit pour le soulagement des pauvres et malades ; « et attendu, que la sœur Jousselin ne peut survenir à gou- « verner et alimenter les malades, et à faire les autres ou- « vrages qui sont dans les clos des jardins de la maison, et « pour veiller à la conservation des grains et bourgognes « des dixmes qui appartiennent à l'Hôtel-Dieu, et dont on « fait faire actuellement la récolte et exploitation, qu'ainsy « il serait utile de faire venir une troisième sœur, laquelle « sera payée pour ses gages et rétributions, la somme de « quarante livres par an.

« Sur quoy, le bureau a délibéré qu'il en serait ainsy (1).

La période comprise entre l'année 1744 et 1765, n'apporta aucun changement à la situation intérieure de l'établissement.

---

(1) L'Hôtel Dieu possédait, à cette époque, une basse cour et une vacherie, pour les besoins de l'établissement. Les vaches ont été vendues au mois de mai 1792, et depuis, les Administrateurs n'ont pas jugé à propos de rétablir cette vacherie.

En 1766, des travaux de constructions assez importants ont été exécutés à l'Hôtel-Dieu, ainsi qu'il résulte d'une délibération prise, le 19 juin 1766, dans une assemblée extraordinaire, à laquelle étaient invités :

« Les conseillers de ville, les six notables et plusieurs « bourgeois, marchands et anciens habitans, pour délibérer « sur la nécessité de procurer à l'Hôtel-Dieu, une cave « suffisante pour contenir une quantité de poinçons de vin « pour l'usage des malades, mais attendu, que les eaux sont « fréquentes, et que l'on ne peut dans la basse ville, creuser « des caves sans que l'eau n'y entre, on se trouve dans le « cas de ne pouvoir faire qu'une espèce de cellier voûté, à « environ trois pieds de profondeur ; que d'ailleurs, il y a « dans l'Hôtel-Dieu de Houdan, que peu de logement, il « conviendrait mettre la cave dans le petit jardin en entrant « et de faire construire un bâtiment au-dessus, qui forme- « rait deux chambres, dont l'une servirait de salle de bureau, « et l'autre à retirer des malades, et au-dessus, des galetas.

Le devis de ce bâtiment, établi par un vicaire de Maintenon, se montait à quatre mille cinq cents francs.

Les travaux à forfait de ce bâtiment ont été mis plusieurs fois en adjudication, mais il ne se trouva aucun entrepreneur solvable pour faire l'avance de l'approche des matériaux.

Les administrateurs ont été obligés de faire exécuter ce travail à façon, en choisissant les meilleurs ouvriers et les plus habiles.

La conduite des dits travaux fut confiée à un maître charpentier de Montfort-l'Amaury, moyennant une somme de quatre cents livres, et en outre, deux cent cinquante livres, pour la main d'œuvre de toute la charpente en général, y compris l'escalier rampant.

Ce bâtiment rappelle un ensemble de faits et de souvenirs historiques. Il servit alternativement de bureau, de mairie, de justice de paix, de geôle, de maison d'arrêt et de maison d'école ; il abrita successivement toutes les municipalités qui ont exercé leur pouvoir, sous la Convention, sous le Directoire, le Consulat et l'Empire, et ne fut aménagé pour recevoir les malades, qu'en mil huit cent soixante, à la suite d'un legs fait à l'Hôpital.

Cette construction, qui comprend au rez-de-chaussée, la petite salle Saint-Anne et la salle Sainte-Célestine, est maintenant une annexe à la salle des femmes.

Le premier étage sert à la lingerie, et une autre chambre est destinée aux pensionnaires.

Le sous-sol forme une très jolie cave, pouvant contenir près de cent hectolitres de liquide.

Un passage couvert, relie toutes ces pièces au principal corps de bâtiment.

En 1768. Les administrateurs, qui exploitaient eux-mêmes les dîmes pour le compte de l'Hôtel-Dieu depuis 1722, voulant affermer ces dîmes et en même temps les granges pour resserrer les récoltes et dîmes, ont décidé la construction d'une porte charretière par la délibération suivante :

« Aujourd'huy vendredy quinze avril mil sept cent « soixante-huit, deux heures de relevée, nous administra- « teurs de l'Hôtel-Dieu de Houdan, assemblés au bureau du « dit Hôtel-Dieu avec les officiers municipaux et les nota- « bles de cette ville, convoqués et appelés à cet effet pour « délibérer sur les affaires qui concernent l'intérêt des pau- « vres du dit Hôtel-Dieu. Les administrateurs ont exposé « en premier lieu, que suivant la permission accordée par « M. Lambert, conseiller du Roi, trésorier de France, gé- « néral des finances, grand voyer, en la généralité de Paris, « commissaire du conseil pour les ponts et chaussées, de « faire construire un mur et une grande porte charretière « en observant une ligne droite à partir de l'anglo de la « chapelle dépendant du dit Hôtel-Dieu, joignant les dits « héritages, jusqu'au devant de la jambe étrière de la mai- « son de Pierre Coignard. Lequel mur et grande porte est « absolument nécessaire pour pouvoir entrer les dîmes du « dit Hôtel-Dieu et les conduire jusqu'aux portes des granges « où on a coutume de les resserrer, ce qu'on ne peut faire « jusqu'à présent, faute d'avoir une grande porte chartière « par laquelle les voitures et charrettes puissent passer, ce

« qui a fait un tort considérable et une perte d'une partie
« des grains des dites dixmes, qu'il faut transporter gerbe
« à gerbe, de dans la rue aux dittes granges.

« En second lieu, que depuis nombre d'années, l'Hôtel-
« Dieu du dit Houdan a fait exploiter les dittes dixmes au
« profit du dit Hôtel-Dieu, et que pour cet effet elle a loué
« annuellement deux dixmeurs pour aller dans les champs
« dixmer les dits grains, et un voiturier avec trois chevaux
« pour approcher les gerbes des dixmes dans les granges,
« qu'ensuite on a fait battre les dits grains par des batteurs,
« et que cela coûte considérablement, que suivant les
« comptes que les dits sieurs administrateurs ont fait de-
« puis plusieurs années, du produit de la vente des grains
« et des pailles, les dépenses prélevées, il ne reste au dit
« Hôtel-Dieu que huit ou neuf cents livres par an, et qu'ils
« croient qu'en donnant les dites dixmes par adjudication
« à loyer, pour le temps de six années, ainsi que les granges
« du dit Hôtel-Dieu, destinées à resserrer les dits grains,
« on a lieu d'espérer qu'elles produiraient un bénéfice bien
« plus considérable pour le profit des pauvres, Les dits
« sieurs administrateurs ont prié les dits sieurs conseillers
« municipaux et notables de donner leur avis sur ces deux
« objets, et dans le cas où ils seraient de sentiment, que le
« dit mur soit fait, et les dites dixmes données par adjudi-
« cation à loyer, en cela, les autoriser à le faire.

« Sur quoi, les officiers municipaux et les notables déli-
« bérant ils ont tous d'une voix unanime dit qu'ils estiment,
« qu'il est de l'intérêt de l'Hôtel-Dieu, de consentir à la cons-
« truction d'une porte chartière et d'un mur de clôture sui-
« vant la permission donnée par le dit sieur Lambert, 12 no-
« vembre dernier, et l'alignement y énoncé et porté au
« plan, que les dits sieurs administrateurs ont fait lever,
« qu'ils estiment pareillement qu'il est de l'intérêt des pau-
« vres du dit Hôtel-Dieu, de donner par adjudication à loyer,
« la dixme du dit Hôtel-Dieu, et fassent les constructions
« nécessaires pour parvenir au transport et resserrement
« des grains de la dite dixme ; pareillement, ils consentent
« que les dits administrateurs donnent à bail à loyer et par

« adjudication, les dixmes du dit Hôtel-Dieu, à l'effet de « quoy, ils les autorisent.

« Et tous ont signé le présent acte, qui a été fait et « arrêté, en la salle du dit Hôtel-Dieu, les jours, mois et an « que dessus ».

Conformément à la décision prise, la grande porte d'entrée de la cour de l'hôpital, fut construite en 1768. On voit encore gravé sur la clef de voute qui ferme le cintre de cette porte, le millésime de 1768.

La porte de Paris, qui fermait anciennement la ville de ce côté, se trouvait en face l'entrée de la cour de l'hopital, cette porte n'existait plus comme fermeture en 1768, mais les deux tourelles en saillie sur la rue, pour le rétrécissement du passage, existaient encore ; il fallut l'autorisation du seigneur, pour abattre la tourelle qui obstruait l'entrée de la cour de l'Hôtel-Dieu.

Et la dîme, mise en adjudication avec les granges, fut affermée moyennant le prix de douze cents francs.

Les frais d'exploitaton de la dîme n'étaient pourtant pas bien élevés. En 1722, la première fois que l'Hotel-Dieu leva la dîme pour son compte, elle payait aux deux hommes qui étaient chargés de procéder au dîmage de toutes les récoltes et de les charger sur les voitures, chacun trente francs. Au voiturier, pour rentrer les dites récoltes avec trois chevaux, cent cinq francs et aux batteurs en granges, huit sous par jour.

En 1768, quarante-quatre ans après, L'Hotel-Dieu ne payait aux deux dîmeurs pour le même travail, que trois francs de plus, et au voiturier 115 francs, au lieu de 105 francs, et les batteurs en granges ne gagnaient toujours que huit sous en hiver.

Sur les livres de dépenses de l'hôpital les ouvriers agricoles ne gagnaient en 1780, que huit, dix et douze sous par jour selon les saisons. Le salaire des ouvriers du bâtiment était un peu plus élevé, il y en avait qui gagnaient jusqu'à quinze, dix-huit et vingt sous par jour, selon la corporation ; le charpentier était généralement le mieux rétribué.

Quant aux vivres, à l'exception du prix du pain qui subissait malheureusement de grandes variations à cette époque et qui arrivait même à des prix inabordables dans les moments de disette, le prix de la viande au cours du dix-huitième siècle, ne dépassa pas six sous la livre.

En 1772, l'Hôtel-Dieu ne possédait que six lits : trois pour les hommes et trois pour les femmes. L'établissement d'un quatrième lit dans chaque salle, fut décidé par la délibération suivante :

« Aujourd'hui vendredi sept février mil sept cent « soixante-douze. Nous Administrateurs de l'Hôtel-Dieu de « Houdan, assemblés au bureau pour délibérer des affaires « qui le concerne. M. Gabriel Lauverxy, chirurgien en chef « du dit Hotel-Dieu, et la sœur Renée Jousselin, gouver- « nante des pauvres malades, ont dit que depuis plusieurs « années, le nombre des malades s'étant augmenté de plus « en plus, et les trois lits qui sont dans la salle des hommes « et des femmes, n'étant pas suffisants pour recevoir le « nombre des malades qui se présentent ; il serait nécessaire « d'augmenter d'un lit dans chaque salle pour le bien des « pauvres.

« En quoi l'assemblée ayant égard et délibérant sur la « nécessité urgente d'augmenter un lit à chaque salle, elle « a arrêté que la sœur Renée Jousselin se pourvoirait d'un « matelas, un lit de plumes, couverture, paillasse, et au- « tres parties nécessaires pour compléter un coucher bon « et d'usage, à l'effet d'y coucher les malades dans le besoin « et principalement dans la salle des femmes, ce qui sera « pareillement observé dans la salle des hommes, avec « toute la diligence possible.

« Fait et arrêté les jours, mois et an que dessus.

Signé : Gerbé de Thoré, Caillou, curé ; Laurency, chirurgien et Quétard.

Le nombre de lits porté à huit en 1772, fut augmenté de deux autres lits en 1780, à la suite d'un don anonyme, ainsi qu'il résulte de la délibération suivante :

« L'an mil sept cent quatre-vingt, le trois novembre « après midy, Nous administrateurs de l'Hôtel-Dieu de « Houdan, soussignés, assemblés au bureau du dit Hôtel-« Dieu, pour délibérer sur une proposition faite par le minis- « tère du sieur Souillard, receveur charitable du dit Hôtel-« Dieu, au nom d'une personne bienfaisante, qui ne se fera « connaître qu'après que l'acceptation sera faite de la pro- « proposition dont est question, qui est de fonder et établir « deux lits de plus dans le dit Hôtel-Dieu, pour recevoir, « traiter et médicamenter deux pauvres et mallades quel- « conques de cette ville, moyennant la somme de huit « mille livres, qui sera placée sur le Roy par la dite per- « sonne bienfaisante, rapportant annuellement quatre cents « livres, dont le contrat de constitution de la ditte rente « pour la ditte fondation, sera remis aux dits sieurs admi- « nistrateurs, à la charge toutefois et par eux, de faire faire « et dresser les dits deux lits, d'une manière uniforme aux « autres lits des malades du dit Hôtel-Dieu, et encore à la « charge, que dans le cas où les dits deux lits, ou l'un d'eux « ne seraient pas occupés par des malades, les dits admi- « nistrateurs seront tenus de faire distribuer par les sœurs « du dit Hôtel-Dieu, une livre de pain, et en outre de tram- « per la soupe chaque jour à un ou deux vieillards de cette « ville, infirmes, selon la vacance des lits. Lesquels vieil- « lards infirmes, seront choisis et nommés par les dits « sieurs administrateurs, dans un bureau tenu à cet effet. « Et délibérant sur la susditte proposition, nous adminis- « trateurs, après l'avoir trouvée avantageuse aux pauvres « mallades et indigents de cette ville, qu'il n'i a que huit lits « fondés au dit Hôtel-Dieu, l'avons d'une voix et consente- « ment unanime accepté avec reconnaissance, aux condi- « tions énoncées en la proposition ci-dessus du dit sieur « receveur, même pour se conformer aux intentions de la « personne bienfaisante, il sera fait mémoire d'elle dans le « sacrifice des messes, qui se disent au dit Hôtel-Dieu.

« Délibéré fait et arosté les jour et an que dessus.

« Signé : CAILLOU, curé ; GERBÉ DE THORÉ,
« MŒURIN, SOUILLARD et LAURENCY. »

Le revenu de quatre cents francs à cette époque était reconnu suffisant pour entretenir deux lits de malades.

En prévision des demandes d'admission qui pouvaient être faites par des malades payants ou des pensionnaires, les administrateurs avaient établi un tarif pour la journée d'hôpital, lequel tarif était ainsi conçu :

En première classe, onze sols.

En deuxième classe, huit sols.

Et en troisième classe, cinq sols cinq deniers.

Ce qui correspondait à 100, 150 et 200 francs par an au maximum ; mais l'hospitalisation de quelques militaires en 1788, fixa le prix de la journée d'hôpital à douze sols, et en 1800, à 0 fr. 70 centimes, par une circulaire qui se terminait ainsi :

En conséquence, des dispositions ordonnées, nous vous prévenons, citoyen, que l'hospice que vous administrez est comprise dans la classe de ceux dont les soumissions ne sont pas acceptées, ou qui n'en ont pas faites, et que le prix de la journée, suivant le tableau arrêté par le ministre, est fixé à 70 centimes, qui, conformément à l'arrêté des consuls, est de dix centimes au-dessus de celui de douze sols, qui était accordé à votre hospice en 1788.

Les deux derniers lits fondés par un don anonyme n'ont été installés qu'en 1782.

En 1790, l'hôpital pouvait recevoir dix malades, mais au cours des années suivantes, l'affluence des demandes obligea les administrateurs à installer provisoirement deux nouveaux lits, pour compléter les deux salles.

En 1800, le nombre de lits dont la plus grande partie était dans un état déplorable fut réduit à six.

La réduction du revenu ne permettait plus d'en entretenir un plus grand nombre.

Le nombre de lits augmenta successivement au fur et à mesure que l'établissement recevait des dons.

En 1840, les deux salles étaient au complet, il y avait douze lits, dont le tiers était réservé pour les pensionnaires.

En 1850, la commission administrative fit l'acquisition des premiers lits en fer, pour garnir la salle des hommes, et en 1852, les bois de lits côté des femmes, ont été également remplacés par des lits en fer.

En 1856, par son testament olographe, M. le docteur Aulet, légua à l'hôpital de Houdan, une somme de trente mille francs, pour la fondation de trois lits, destinés à des malades ou vieillards des communes de Houdan, de Broué et Marchezais (Eure-et-Loir).

Mme Aulet, sa veuve, qui participait également à cette donation, et qui en avait l'usufruit pendant sa vie, ne voulut pas jouir d'un revenu destiné aux malheureux. Cette digne et généreuse personne renonça à son usufruit et versa immédiatement la dite somme de trente mille francs à l'établissement. Trois lits ont été installés à cet effet, et sont toujours à la disposition des dites communes.

En 1862, on ouvrit un asile libre dans un bâtiment dépendant de l'hôpital, situé rue de Paris. Cette école enfantine qui était dirigée par une sœur de Saint-Paul de Chartres, fut laïcisée en 1886, et transférée depuis aux écoles communales.

En 1870, M. Grou, ancien négociant à Houdan, légua une somme de douze mille francs à l'hôpital, pour la fondation d'un lit, destiné à un vieillard de Houdan.

En 1872, une annexe dont le devis s'élevait à la somme de treize mille trois cents francs, fut construite pour les femmes malades, et mise en communication avec les petites salles Sainte-Anne et Sainte-Célestine.

Six nouveaux lits ont été installés dans cette annexe.

En 1899, M. François Devresse, ancien pharmacien militaire, en souvenir de son pays natal qu'il avait quitté depuis très longtemps, légua à l'hôpital de Houdan une somme de vingt-six mille francs, pour l'installation et l'entretien d'un lit destiné à un vieillard de Houdan.

La commission administrative actuelle, pour perpétuer le souvenir de cet acte d'humanité, prit la décision de donner le nom de Devresse, à la nouvelle salle de malades au rez-de-chaussée du bâtiment neuf.

En 1857, à la suite de l'inondation qui eut lieu en 1856, le lavoir fut refait à neuf ainsi que le grand mur sur la rivière, ce qui occasionna une dépense dépassant deux mille francs.

En 1892, le Conseil général de Seine-et-Oise, ayant voté une somme de cinquante mille francs pour aider à hospitaliser les malades et blessés nécessiteux des communes dépourvues d'hôpitaux, M. le préfet prit un arrêté précédé de l'exposé suivant :

Le Préfet de Seine-et-Oise, officier de la Légion d'honneur, vu les délibérations du Conseil général de Seine-et-Oise, en date des 1er et 3 septembre 1892, relatives : 1° A l'hospitalisation, à partir du 1er janvier 1893, des malades atteints d'affections aigües, et des blessés nécessiteux des communes dépourvues d'hôpitaux ; à l'établissement dans le département de circonscriptions hospitalières ;

Vu le crédit de cinquante mille francs ouvert au budget départemental pour l'exercice 1893, en vue d'assurer le fonctionnement du nouveau service d'hospitalisation pendant l'année 1893 ;

Vu le décret du 24 vendémiaire an II portant, au titre 5, article 18 : « Tout malade domicilié de droit ou non, qui sera sans ressources, sera secouru ou à son domicile de fait ou dans l'hospice le plus voisin.

Vu la loi du 7 août 1851, titre 1er, articles 1 à 5 inclusivement, et la circulaire ministérielle du 8 août 1852, relatives aux conditions d'admission, dans les hôpitaux des malades indigents, et à l'établissement de circonscriptions hospitalières ;

Vu les diverses délibérations du Conseil général, notamment celles du 28 octobre 1874 et du 23 août 1876, fixant les conditions du concours du département dans les frais de traitement des malades nécessiteux des communes dépourvues d'hôpitaux et des étrangers et ouvriers de passage, qui n'ont pas de droit à l'assistance locale ;

Vu les arrêtés préfectoraux rendant exécutoires les dispositions contenues dans les dits arrêtés :

Vu la loi du 10 août 1871, article 46, § 20 ;

ARRÊTE.

§ Ier. — Création d'un service d'hospitalisation. Etablissement de circonscriptions hospitalières.

ARTICLE PREMIER. — Le territoire de Seine-et-Oise est divisé en trente-deux circonscriptions hospitalières. Ces circonscriptions seront déterminées par un arrêté ultérieur.

ART. 2. — Un service d'hospitalisation est créé, à partir du 1er janvier 1893, en faveur des malades nécessiteux, atteints d'affections aigües et des blessés nécessiteux, appartenant aux Communes dépourvues d'hôpitaux.

ART. 3. — L'Hospitalisation n'est pas réservée exclusivement aux habitants inscrits sur la liste des indigents ; elle s'étendra aux personnes qui, vivant habituellement de leur travail, se trouveront, temporairement, privées de ressources par le fait de la maladie, ou de la blessure dont elles seront atteintes.

ART. 4. — Les malades et les blessés nécessiteux de chaque Commune ayant adhéré au projet d'hospitalisation, seront admis à l'hôpital de la circonscription : ils y seront traités dans les mêmes conditions, et y recevront les mêmes soins que les autres malades.

ART. 5. — Les femmes en couches seront assimulées aux malades, et devront être admises par les hôpitaux, dans les mêmes conditions, elles seront soignées dans des salles spéciales.

ART. 6. — Les Communes qui en feront la demande, pourront être rattachées à des hôpitaux, situés en dehors du Département, mais, dans aucun cas, le concours du Département dans les frais de traitement, ne pourra excéder le prix de journée payé à l'hôpital de la circonscription.

§ II. — Admission des malades et des blessés nécessiteux dans les hôpitaux.

ART. 7. — L'Envoi à l'hôpital sera prononcé par le maire de la Commune, sur le vu d'un certificat délivré par le médecin appelé à donner des soins au malade ou blessé, et attestant la nécessité de prononcer l'hospitalisation.

Art. 8. — Le maire prendra immédiatement les mesures nécessaires pour le transfert, dans le plus bref délai et dans les meilleures conditions possibles, du malade ou du blessé à l'hôpital de la circonscription.

Art. 9. — A l'entrée du malade ou du blessé à l'hôpital, il sera remis à l'administration de cet établissement: 1° le certificat délivré par le médecin qui a donné ses soins à la personne hospitalisée ; 2° une réquisition, délivrée par la Commune, ainsi conçue :

> *Le Maire de la Commune de....., requiert l'Administration de l'hôpital de....., de recevoir et de traiter au dit hôpital, le nommé (noms et prénoms), de la Commune de....., atteint de la maladie ou de la blessure indiquée dans le certificat médical ci-joint.*
>
> *Les frais de traitement seront remboursés à l'hôpital par le Département dans les conditions prévues dans la délibération du Conseil Général, en date du 1er septembre 1892, et dans l'arrêté préfectoral du 28 octobre suivant.*
>
> *(Ou suivant le cas)*
>
> *par la Société de Secours Mutuels de....., la Compagnie d'Assurances, en cas d'accidents,*
>
> *le sieur....., domicilié à....., civilement responsable.*

Un double de cette réquisition sera immédiatement adressé à la Préfecture.

Art. 10. — Lors de l'entrée à l'hôpital et lors de la sortie du malade et du blessé, avis en sera donné, sans délai, à la Préfecture, par les soins de la Commission administrative de l'hôpital.

Art. 11. — Lorsqu'un malade ou un blessé hospitalisée aux frais communs du Département et des Communes, aura séjourné deux mois dans un hôpital, la Commission administrative de cet hôpital, devra porter le fait à la connaissance du Préfet, sous peine de perdre le bénéfice du concours du Département et des Communes pour le séjour prolongé au-delà de deux mois.

A la réception de l'avis donné par l'hôpital, l'Administration préfectorale déléguera un médecin à l'effet de constater que l'état du malade ou du blessé nécessite un plus long séjour à l'hôpital.

§ III. — Paiement des frais de traitement des malades hospitalisés.

Art. 12. — Le Département paiera aux hôpitaux, la totalité de la dépense occasionnée par les frais de séjour et de traitement des malades ou des blessés nécessiteux hospitalisés.

Le paiement sera effectué d'après le prix de journée prévu au traité intervenu entre la Commune, l'Hôpital et le Département.

Art. 13. — Le Département exercera son recours contre les Communes, pour le remboursement de la part qui leur incombera dans la dépense.

Art. 14. — La dépense relative au frais d'hospitalisation sera à la charge du Département et des Communes dépourvues d'hôpitaux dans la proportion suivantes :

	Département	Commune
Communes de moins de 100 habitants	90 %	10 %
— 101 à 200 —	85 %	15 %
— 201 à 500 —	80 %	20 %
— 501 à 1.000 —	70 %	30 %
— 1.001 à 2.000 —	60 %	40 %
— 2.001 à 5.000 —	50 %	50 %
— 5.001 à 10.000 —	30 %	70 %

Art 15. — Les malades ou blessés nécessiteux sans résidence, les étrangers, ouvriers de passage, etc., seront hospitalisés, lorsqu'il y aura lieu, exclusivement aux frais du Département, sauf recours contre qui de droit. Leur envoi à l'hôpital sera prononcé par les maires dans les mêmes conditions que pour les hospitalisés de la Commune.

Art. 16. — Les Communes qui, n'ayant pas d'hôpitaux, ont droit, par suite de fondations ou legs, à l'hospitalisation de leurs malades ou blessés dans un hôpital situé en dehors de leur territoire, seront assimilées aux communes qui possèdent un hôpital et, par suite, le département n'aura à intervenir à aucun titre dans les frais d'hospitalisation de leurs malades ou blessés nécessiteux.

Toutefois, si le nombre des malades ou blessés nécessiteux hospitalisés par la Commune excède celui des lits dont elle dispose, le concours du Département lui sera acquis pour le paiement de la dépense résultant de cette insuffisante de ressources d'hospitalisation.

§ IV. — Disposition de comptabilité.

Art. 17. — La liquidation et le mandatement au profit des frais de séjour des malades et blessés nécessiteux hospitalisés aux frais communs du Département et des Communes, seront effectués, par la préfecture, dans le mois qui suivra l'expiration de chaque trimestre, sur le vu d'un état, *en triple expédition*, établi par l'établissement hospitalier.

Cet état, qui devra parvenir à la Préfecture avant les quinze des mois d'avril, juillet, octobre et janvier, comprendra l'ensemble de la dépense constatée dans le cours du trimestre par tous les malades et blessés hospitalisés par les Communes de la circonscription hospitalière.

Il indiquera dans des colonnes distinctes :

1° Le nom de la Commune ;

2° Le nom et les prénoms des malades et blessés ;

3° La date de l'entrée à l'hôpital ;

4° La date de la sortie ;

5° Le nombre de journées d'hospitalisation pendant le trimestre ;

6° Le prix de la journée d'hospitalisation fixé par le traité intervenu avec la Commune ;

7° La dépense totale ;

8° Et dans une autre colonne (*d'observations*), la nature de la maladie ou de la blessure ayant motivé l'hospitalisation.

Art. 18. — Le jour de l'*entrée* des malades à l'hôpital sera admis dans le décompte de la dépense, celui de la *sortie* ne sera pas compté.

ART. 19. — Le recouvrement des sommes dûes par les Communes pour leur part contributive dans le paiement des frais d'hospitalisation, sera effectuée par la trésorerie générale du Département.

Le montant des recouvrements sera encaissé au compte des produits eventuels extraordinaires départementaux.

§ VII. — Remboursement d'avances pour frais d'hospitalisation.

Chaque Commune contractante devra inscrire à son budget primitif, un crédit provisionnel en rapport avec les depenses que pourra occasionner l'hospitalisation de ses malades.

ART. 20. — Un double des titres de perception émis par la Préfecture pour le recouvrement des avances dont-il s'agit, sera transmis au maire de la Commune intéressée qui devra immédiatement délivrer et adresser au receveur municipal un mandat de paiement de la somme mise en recouvrement.

ART. 21. — En cas de constestation sur l'origine ou la quotité du remboursement réclamé, le maire aura à adresser à la Préfecture, sa réclamation, *dans le mois qui suivra* la notification qui lui aura été faite du titre de perception émis : passé ce délai, M. le trésorier général sera autorisé à poursuivre le recouvrement par toutes voies de droit.

ART. 22. — Un registre résumant, par année, toutes les dépenses du service d'hospitalisation des malades et blessés nécessiteux, sera tenu à la division des bureaux de la Préfecture chargée de l'assitance publique.

Ce registre, qui sera annexé au rapport à présenter au Conseil Général à la session d'avril, donnera par Commune et par malade l'ensemble de la dépense faite au cours de l'année précédente.

§ V. — Agrandissements éventuels des hôpitaux.

ART. 23. — Dans le cas, où il serait reconnu que l'organisation du service d'hospitalisation nécessiterait l'agrandissement de certains hôpitaux, le Département pourra participer à la dépense dans une proportion à fixer par le Conseil Général, sur le vu d'une demande de la municipalité appuyée d'une délibération de la Commission Administrative et des plans et devis des constructions projetées.

ART. 24. — Les plans et devis se rapportant aux travaux visés à l'article précédent devront être établis dans les conditions de la plus stricte économie et ne comprendre, dans la généralité des cas, que les évaluations relatives à la construction et à l'aménagement de deux salles, l'une pour les hommes, l'autre pour les femmes, spécialement affectées aux malades et blessés des communes dépourvues d'hôpitaux.

§ 6. — Dispositions générales.

ART. 25. — Les malades et blessés nécessiteux hospitalisés à frais communs par le département et les communes pourront, pendant tout le temps de leur séjour à l'hopital être examinés par un médecin délégué par le Préfet.

ART. 26. — Les hôpitaux devront posséder les appareils nécessaires pour faire immédiatement désinfecter les véhicules ayant servi au transport des malades atteints d'affections contagieuses.

ART. 27. — Les frais de toute nature, auxquels pourront donner lieu les conventions à intervenir entre le département, les communes et les hôpitaux, seront supportés, par moitié, par le département et la commune.

ART. 28. — Le présent arrêté sera inséré au *Bulletin des Actes Administratifs* du département.

Fait à Versailles, le 28 octobre 1892.

Le Préfet de Seine-et-Oise,
Signé : BARGETON.

Dans sa séance du 26 novembre 1892. La commission administrative donna son adhésion au projet d'hospitalisation et consentit à recevoir les malades et les blessés des communes ayant adhéré au dit projet d'hospitalisation, moyennant la somme de deux francs par jour, pour une période de cinq années ; quoique insuffisante dans bien des cas, cette somme ne fut pas augmentée. Les frais de séjour des malades et des blessés sont restés fixés à deux francs par jour.

L'organisation de ce service d'hospitalisation nécessita l'agrandissement de l'hôpital. Dix nouveaux lits paraissaient indispensables. La Commission administrative, sans comprendre dans le dossier les subsides prévus par l'article 23 du décret ci-dessus, fit construire un bâtiment composé d'une salle au rez-de-chaussée et d'une autre salle au premier étage.

Ces travaux exécutés sur un devis de 26,000 francs pour la construction seulement ont dépassé ce devis de 10,000 francs et n'ont pu être achevés faute de ressources.

En 1900, la nouvelle Commission administrative trouva cette annexe inachevée et non meublée.

M. Réant, président de la dite Commission administrative, après avoir constaté que l'hôpital avait dépensé une somme de trente-six mille francs pour l'hospitalisation cantonale, sans avoir reçu les subsides qui lui étaient dûs, alors que tous les hopitaux du département en avaient obtenu pour des travaux semblables, réclama immédiatement contre cette omission, et fut assez heureux, après de nombreuses et pressantes démarches, d'obtenir un secours de dix mille francs, sur les fonds du Pari Mutuel.

Cette somme, quoique insuffisante permit à la commission de faire exécuter les travaux les plus urgents, d'acquérir au moyen d'un prélèvement sur les fonds libres, le mobilier nécessaire à l'installation de treize nouveaux lits, destinés spécialement à l'hospitalisation cantonale, et d'assurer le fonctionnement de tous les services.

L'organisaton actuelle de l'hôpital, avec ses constructions relativement importantes et son revenu, provient en grande partie des nombreux legs qui ont été faits à l'établissement depuis sa fondation, et aussi d'un certain nombre de dons anonymes.

Quelques legs ont été faits pour une destination prévue, soit pour la fondation d'un ou de plusieurs lits ; d'autres, sans destination spéciale ont donné aux pauvres. Voilà tout.

Tous les testaments sont à peu près identiques.

Les testateurs, en grande majorité, ont été mûs par un

idéal chrétien. C'est la foi qui les a orientés vers la charité, cette organisation et le revenu destiné aux pauvres, a ainsi une source à peu près exclusivement religieuse.

Bon nombre de fondateurs ont demandé des prières ou des services religieux pendant un temps, d'autres ont réclamé des messes à perpétuité, que la Commission administrative, d'ailleurs, ne manque pas de faire dire à leur intention.

A ce sujet, une somme de deux cents francs est régulièrement inscrite au budget chaque année.

L'hôpital-hospice de Houdan possède actuellement trente-trois lits, dont : douze pour malades des deux sexes, deux pour les contagieux. Un pour la maternité. Un spécial pour enfant. Douze pour vieillards indigents et incurables, et cinq pour pensionnaires, avec un revenu de neuf mille cinq cent cinquante francs ; ce qui permet d'hospitaliser annuellement douze vieillards ou malades sans ressources.

Cet heureux résultat est dû : au zèle et au dévouement de tous les administrateurs en général, qui ont pris part à la gestion de cet établissement de bienfaisance.

Aux sœurs hospitalières qui depuis deux siècles, avec un minime traitement (1) ont rempli leur ingrate mission, avec autant de courage que de désintéressement.

A plusieurs libéralités anonymes.

Et surtout aux généreux donateurs dont les noms gravés sur le marbre sont inscrits au tableau d'honneur, dans l'ordre suivant :

MM. Pouillot et sa femme 1702
Féron, M.-G., veuve Roussel 1714
Brouassin, M.-G., veuve Caillou 1726
de Pommeret. 1728
Perrin A.-B. et sa femme. 1730
Morize, N. 1747

(1) Le traitement des sœurs est fixé à 150 francs par an, soit 0 fr. 41 par jour pour leur entretien

MM.	Delamotte, G.-G.	1782
	Goirin, J.	1784
	Debordeaux, F.	1788
	Boutry, R.-D., veuve Brindeau	1807
	Daverne, J.-B.	1024
	Voyenne, M.-L.-H., veuve Mabile	1826
	Guérin, R.-G.	1827
	de Pommeret, M.-B., veuve Varanguin	1828
	Jazier, veuve Desrues	1835
	Aulet, P.-P. et Galas sa femme	1856
	Grou, Louis-Ferdinand	1870
	Duval, juge de paix	1883
	Marie Charpentier, veuve Chiquet	1885
	Jacques-François Devresse	1899
	Gautier-Grou	1899

Au nombre de ces bienfaiteurs, viendra s'ajouter le nom de Mme veuve Lebaudy ; car depuis la mort de M. Gustave Lebaudy, député de l'arrondissement de Mantes, cette charitable dame, en souvenir de son mari, a régulièrement adressé chaque année à l'établissement, une somme de cinq cents francs, destinée au soulagement des malades indigents du canton pendant la saison d'hiver.

Puisse la Providence, lui accorder de longs jours, pour le bien qu'elle prodigue et pour les souffrances qu'elle atténue (1).

La Commission Administrative actuelle, composée de son président, M. Réant, Victor, maire de la ville et conseiller d'arrondissement, de M. Malin, Victor ; Noël, Jean-Baptiste ; Pénot, Victor ; Jamet, Zacharie ; Philippe, Emile et Lesprillier, Auguste, vice-président et ordonnateur de l'hôpital, en présence de M. Gohier, adjoint au maire, lesquels après

---

(1) Mme Lebaudy est décédée le 20 mars 1905, pendant que cette brochure était à l'impression.

avoir entendu la lecture de cette histoire et lui avoir donné leur entière approbation, se sont unis dans une même pensée de respect et de reconnaissance, pour saluer les noms de tous ces bienfaiteurs de l'humanité et honorer leur mémoire.

Pénétrés du devoir qui leur incombe, les membres de la dite Commission Administrative continueront leur concours le plus actif et le plus dévoué, à l'organisation de cette œuvre philanthropique, et rechercheront toujours le moyen d'augmenter les ressources de cet établissement, afin d'y faire une place de plus en plus grande aux déshérités de la vie.

A. LESPRILLIER.

Houdan, le 15 octobre 1904.

www.ingramcontent.com/pod-product-compliance
Ingram Content Group UK Ltd.
Pitfield, Milton Keynes, MK11 3LW, UK
UKHW021620260726
13965UKWH00007B/1384

9 782013 037778